AF553006

मेरे बच्चे

मेरे बच्चे

मूल
आर्थर मिलर

रूपान्तर
प्रतिभा अग्रवाल

राजकमल प्रकाशन

प्रस्तुत नाटक या उसके किसी अंश के मंचन, रेडियो या टेलीविजन पर प्रसारण के लिए रूपान्तरकार की अनुमति लेना अनिवार्य है।

मूल कृति 'All My Sons' का हिन्दी अनुवाद

ISBN : 978-81-267-1842-9

मूल्य : ₹495

पहला संस्करण : 1978
चौथा संस्करण : 2025

प्रकाशक : राजकमल प्रकाशन प्रा.लि.
1-बी, नेताजी सुभाष मार्ग, दरियागंज
नई दिल्ली-110 002
शाखाएँ : अशोक राजपथ, साइंस कॉलेज के सामने, पटना-800 006
पहली मंजिल, दरबारी बिल्डिंग, महात्मा गांधी मार्ग, प्रयागराज-211 001
1, अनमोल सोराबजी संतुक लेन, धोबी तलाव, मरीन लाइंस, मुम्बई-400 002
वेबसाइट : www.rajkamalprakashan.com
ई-मेल : info@rajkamalprakashan.com

मुद्रक : बीके ऑफसेट
नवीन शाहदरा, दिल्ली-110 032

MERE BACHCHE
Play by Arthur Miller
Translated by Pratibha Agrawal

रचना एवं रूपान्तर

किसी भी नाटक का अनुवाद करना आसान नहीं होता। ऊपर से यद्यपि यह कार्य एक भाषा के शब्दों के स्थान पर दूसरी भाषा के शब्दों को बैठा देना-भर प्रतीत होता है तथापि यह उससे कहीं अधिक होता है। उन शब्दों द्वारा व्यक्त अर्थ एवं ध्वनित भाव का सही रूपान्तरण शाब्दिक अनुवाद से कहीं अधिक महत्त्वपूर्ण होता है, रचनाकार की मूल दृष्टि और नाटक की आत्मा को इसी माध्यम से व्यक्त किया जा सकता है। अभिव्यक्ति, जीवनदृष्टि एवं जीवनमूल्य को रूप देनेवाले मनोभावों की मूलभूत एकता के कारण भारतीय भाषाओं की कृतियों का परस्पर अनुवाद अपेक्षाकृत आसान होता है। किन्तु किसी विदेशी कृति को लेते समय खान-पान, पहरावा और अभिव्यक्ति के अन्तर के साथ ही सोचने-समझने तथा अनुभव करने में भी अन्तर आ जाता है और उसे सदा सही ढंग से रूपान्तरित करना कठिन हो उठता है। ऐसे स्थलों पर अनुवादक को छूट देनी पड़ती है, कुछ जोड़ना पड़ता है, कुछ छोड़ना पड़ता है। यह स्थिति हास्य नाटकों में अधिक कष्टकर हो उठती है क्योंकि हर देश, समाज एवं वर्ग के हास्य का आधार भिन्न होता है। गम्भीर नाटकों में और विशेषकर मानव की मूलभूत भावनाओं एवं समस्याओं को लेकर लिखे गए नाटकों में यह समस्या अपेक्षाकृत कम आती है, उनका अनुवाद और रूपान्तर उतना कठिन नहीं होता।

अमरीका ही नहीं, विश्व के श्रेष्ठ नाट्यकार आर्थर मिलर का नाटक 'ऑल माइ संस' एक ऐसी ही कृति है जो एक ओर व्यक्तिगत स्वार्थ एवं संकुचित दृष्टिकोण तथा दूसरी ओर सामाजिक हित एवं सहज मानवीयता के संघर्ष को मूर्त करती है। यह संघर्ष तब और अर्थपूर्ण तथा मार्मिक हो उठता है जब हम इसके एक छोर पर पिता को और दूसरे छोर पर पुत्र को पाते हैं। जिओ केलर सेना के लिए दागी सिलिंडर दे देते हैं जिसके फलस्वरूप 21 पायलट मर जाते हैं। यद्यपि इसके लिए वे पकड़े जाते हैं पर चालाकी से सारा दोष अपने साझीदार के सिर डाल वे मुक्त हो जाते हैं। जब इस तथ्य का उनके पुत्र क्रिस केलर को पता चलता है तो वह अत्यन्त क्षुब्ध होता है; देश के प्रति, देशवासियों के प्रति ऐसा जघन्य अपराध करने के लिए पिता को जेल ले जाने को तैयार हो जाता है। पिता अपनी भूल स्वीकार करते हैं और अपने को गोली मारकर उस भूल का प्रायश्चित करते हैं। विश्वयुद्ध की पृष्ठभूमि में लिखे गए इस नाटक का कथानक सार्वभौम महत्त्व का है; ऐसी स्थिति किसी भी देश, किसी भी काल में पाई जा सकती है जब लोभ के कारण, व्यक्तिगत स्वार्थ के लिए एक व्यक्ति देश एवं समाज का बहुत बड़ा अहित कर बैठता है। देश-काल की सीमा से परे मानव-मन की परतों को खोलनेवाले इस कथानक ने इसके अनुवाद के लिए मुझे प्रेरित किया। अनुवाद करने चली तो लगा कि अनुवाद के साथ ही यदि इसका भारतीय रूपान्तर भी कर दिया जाए तो नाटक अधिक प्रभावपूर्ण हो उठेगा। हम सही मायनों में लड़ाई की विभीषिका से भले ही न गुजरे हों पर आए दिन जनकल्याण के कामों में जो धोखा-धड़ी, लूट-खसोट दिखलाई पड़ती है वह कम बड़ा अपराध नहीं है, उसका 'ऑल माइ संस' की घटनाओं से अद्भुत साम्य प्रतीत होता है। फलस्वरूप नाटक को भारतीय बाना पहनाया गया, मूल नाटक का घटनास्थल अमरीका के किसी शहर का बाहरी हिस्सा है, रूपान्तर का घटना स्थल इलाहाबाद के आसपास कोई छोटा भारतीय शहर है। जैसे घटनास्थल को अमरीका

से भारत की धरती पर लाना पड़ा, वैसे ही पात्रों को भी। ऐसा करने में कोई असुविधा नहीं हुई, क्योंकि उनकी भावनाएँ एवं प्रतिक्रियाएँ मानव-मन के जिस गहन तल से सम्बन्धित हैं वह सार्वभौम है, शाश्वत है। 'ऑल माइ संस' के हिन्दी रूपान्तर में मूल कृति के निकट रहने की यथासम्भव चेष्टा की गई है। नाटक के कुछ अंशों को संक्षिप्त किया गया है तथा कुछ को छोड़ भी दिया गया है। संक्षिप्त किया गया है नाटक को चुस्त बनाने के लिए और कुछ अंशों या पात्रों को छोड़ा गया है कुछ व्यावहारिक सुविधाओं को दृष्टि में रखने के कारण। किसी भी नाटक में अधिक स्त्री-पात्रों या बच्चों का होना व्यावहारिक असुविधा खड़ी करता है। इसे दृष्टि में रखते हुए जिम की पत्नी लीडिया और मुहल्ले के बालक बर्ट को रूपान्तर में छोड़ दिया गया है। लीडिया (लीला) केवल एक बार नेपथ्य से आवाज़ लगाती है, बर्ट आता ही नहीं। उसकी जेल आदि की बातों का इंगित बाद में प्रसंगानुकूल कर दिया गया है। खूबसूरत टाँगों की प्रशंसा, शैम्पेन पीने का प्रस्ताव, बुजुर्गों को नाम लेकर पुकारना आदि ऐसी बातें थीं जिन्हें भिन्न ढंग से कहना ही उचित था और वैसे ही वे कही गई हैं। किन्तु ऐसा कोई महत्त्वपूर्ण अंश नहीं छोड़ा गया है जिसके कारण नाटक का कथ्य अधूरा या अस्पष्ट रह गया हो, कथानक बीच में टूटा या भूला हो। एक और बात–नाट्यकार ने मंचसज्जा, पात्रों की वेशभूषा एवं उनकी मनःस्थिति का विस्तृत वर्णन किया है। नाट्यकार के निर्देशों को हू-ब-हू नहीं रखा गया है–हर निर्देशक अपने ढंग से रंगसज्जा, अंग-संचालन एवं पात्रों के स्थान-परिवर्तन आदि की परिकल्पना करता है। व्यावहारिक दृष्टि से विस्तृत निर्देश का होना-न-होना विशेष मानी नहीं रखता। कहने का यह तात्पर्य नहीं कि सब निर्देश छोड़ दिए गए हैं, दिए गए हैं किन्तु सीमित रूप में।

मेरे बच्चे के इस रूपान्तर का मंचन सन् 1939 में कलकत्ता में 'अनामिका' ने श्री शिवकुमार जोशी के निर्देशन में किया। प्रथम प्रदर्शन

में एक बात उभरकर सामने आई। जमुनाप्रसाद (जिओ केलर) के आचरण एवं बातचीत में संयम रखना अत्यन्त आवश्यक है। तनिक ढील देने से उसका खलनायक के रूप में रूपान्तरित हो जाना बहुत सम्भव है। और यदि वैसा हो गया तो नाटक दुखान्त के बदले सुखान्त हो जाएगा, उसकी मृत्यु खलनायक की मृत्यु बनकर दर्शकों को तोष देगी, स्थिति की करुणा को, नाटक के दुखान्त रूप को नष्ट कर देगी। दूसरी बात अनुराधा (एनी) के आने के पूर्व ही उसके रूप का इतना बखान होता है कि यदि वह अत्यन्त रूपसी न हुई तो दर्शक को लगता है कि उसे धोखा दिया गया, रूप-रस के पान से उसे वंचित किया गया। अभिनेत्री यदि रूपसी न हो तो अनु के रूप की प्रशंसा करनेवाली पंक्तियों को थोड़ा बदल देना चाहिए।

इस रूपान्तर के सिलसिले में सुपरिचित नाट्य-समीक्षक एवं गहन साहित्य-मर्मज्ञ बन्धु श्री शमीक बन्धोपाध्याय से जो सहयोग एवं सुझाव मिला, उसके लिए उनकी आभारी हूँ। प्रकाशन के लिए संयुक्तराज्य अमरीका के सूचना विभाग के डाइरेक्टर डॉक्टर एच. कर्क की विशेष अनुगृहीत हूँ जिन्होंने बड़ी तत्परता से लेखक की अनुमति सुलभ करवाई। वहीं के अधिकारी श्री राबिन देव राय की भी कृतज्ञ हूँ जिन्होंने इस कार्य में सहायता की।

मुझे आशा है कि आर्थर मिलर की यह विश्वविख्यात कृति भारत में भी लोकप्रिय होगी।

—प्रतिभा अग्रवाल

निर्देशक का वक्तव्य

एक नाट्यकार के रूप में आर्थर मिलर विख्यात हैं। वे गम्भीर प्रकृति के नाट्यकार हैं और एक कलाकार की हैसियत से अपने दायित्व के प्रति अत्यन्त सचेत। उन्होंने अपने नाट्यलेखन को हमेशा गम्भीरतापूर्वक लिया है और इसीलिए वे समाज के प्रति अपने दायित्व के प्रति सदा सजग रहे हैं।

मिलर के नाटकों को पढ़ते समय या उन्हें प्रस्तुत करते समय बहुत बार लगता है कि नाट्यकार कई जगह स्पष्ट नहीं हो पाया है। कई बार हमें ऐसा उन स्थितियों में भी लगता है जो नाटक के विकास की महत्त्वपूर्ण कड़ी होती हैं। अतः 'मेरे बच्चे' को प्रस्तुत करते समय निर्देशक के रूप में मुझे भी मिलर की इस अस्पष्टता से उलझना पड़ा, उनके बीच से अपना रास्ता बनाने के सम्बन्ध में स्वयं तय करना पड़ा।

मिलर यह मानते हैं कि नाट्यलेखन में गम्भीरतापूर्वक लगे व्यक्तियों को सामाजिक कथानक चुनना चाहिए। किन्तु इसका यह मतलब नहीं कि सामाजिक बुराइयों को सामने रखनेवाले सारे तथ्यों को जुटाना और फिर उन्हें दर्शकों के सामने रखना ही उद्देश्य होना चाहिए। वास्तव में मनुष्य समाज का केन्द्र है, उसके इर्द-गिर्द ही सबकुछ घूमता रहता है, अतः उसके माध्यम से अपनी बात कहना ही इष्ट होना चाहिए। मनुष्य आत्मपरक भी होता है, परस्परक भी–वह केवल अपने और अपने परिवार

के लिए ही नहीं वरन् उससे परे जो दुनिया है उसके लिए भी जीता है। 'मेरे बच्चे' में मिलर की यह दृष्टि खूब उभरकर आई है।

नाट्यकार मनोवैज्ञानिक व्यक्ति और सामाजिक व्यक्ति दोनों को रखना चाहता है, अतः उसे तादात्म्य की समस्या को उठाने को बाध्य होना पड़ा है। उसका मुख्य पात्र एक ऐसे संघर्ष से गुज़रता रहा है जो उसकी अपनी ही पहचान, अपने ही रूप के स्वीकार या अस्वीकार से उत्पन्न हुआ है। और उसका यह रूप उसके अपने समाज के मूल्यों तथा पूर्वग्रहों के फलस्वरूप पैदा हुआ है। नाटक के नायक जमुनाप्रसाद इसका दृष्टान्त हैं। वे एक अच्छे पति और अच्छे पिता हैं किन्तु अच्छे नागरिक नहीं बन पाते, एक ऐसे अच्छे नागरिक जिसकी कल्पना और विश्वास उनके बेटे करते थे। नाटक के अन्तिम भाग में कहे गए उनके ये करुण शब्द—"मैं उसका बाप हूँ और वह मेरा बेटा है। यदि दुनिया में इससे भी बड़ी कोई चीज़ है तो मैं अपने-आपको गोली मार लूँगा।"—महत्त्वपूर्ण हैं और मन को छू जाते हैं। और उनका दूसरा बेटा शरद जो परिवार के लिए, व्यापार के लिए सबकुछ करने की छूट लेने के कारण, सेना में दागी सप्लाई करने के कारण अपने पिता की भर्त्सना करता है और उन्हें आत्महत्या करने की सलाह तक दे देता है। इस प्रकार पिता जमुनाप्रसाद शिकार बनते हैं उस महान एवं विशाल आदर्श-रूप के जो उनके चारों ओर के समाज ने (उनके बेटे भी उसमें शामिल हैं) गढ़ रखा था और जिसमें वे अपने-आपको फिट न कर पाए। इसका परिणाम—वे हार स्वीकार करते हैं और विनाश को प्राप्त होते हैं।

इस महान नाटक को प्रस्तुत करते समय मुझे कई कलाकारों की अभिनय-क्षमता को परखना पड़ा। मुझे खेद है कि मैं सबसे सन्तोषजनक अभिनय करवा लेने में सफल नहीं हो पाया। किन्तु हाँ, श्री आदित्य विक्रम के द्वारा मूर्त हुए पिता से मैं सन्तुष्ट था, माँ के रूप में श्रीमती प्रतिभा अग्रवाल ने भी उपयुक्त अभिनय किया।

श्री खालिद चौधरी द्वारा निर्मित सेट ने कलाकारों को चलने-फिरने

के लिए पर्याप्त जगह दी, विभिन्न धरातल दिए और इस प्रकार रोचक समूहन तथा सहज स्थान-परिवर्तन सम्भव हुआ। 'मेरे बच्चे' को प्रभावपूर्ण बनाने के लिए यह आवश्यक है कि निर्देशक हर मानों में इसे भारतीय बाना पहनाए।

अनामिका की 'मेरे बच्चे' की प्रस्तुति को, गम्भीर नाटकों को प्रस्तुत करने की दिशा में, एक और प्रयत्न मानना चाहिए–एक ऐसा प्रयत्न जिसके फलस्वरूप हिन्दी दर्शकवर्ग एक विश्वविख्यात नाटक को देख सका, उसके तत्वों को पकड़ सका और उसकी प्रशंसा कर सका। और मैं स्वीकार करता हूँ कि इस दिशा में मैंने जो कुछ किया, पाया, उससे मैं असन्तुष्ट नहीं हूँ।

–शिवकुमार जोशी

मेरे बच्चे

मेरे बच्चे के प्रस्तुत नाट्य रूपान्तर का पहला मंचन कलकत्ता में सन् 1969 में 'अनामिका' के तत्वावधान में हुआ। निर्देशक थे शिवकुमार जोशी। मंचसज्जा खालिद चौधरी, प्रकाशयोजना तापस सेन एवं संगीत रवि किचलू का था। कलाकार थे :

डॉक्टर	नरेन्द्र अग्रवाल
जमुनाप्रसाद	आदित्य विक्रम
शान्ति	छाया अग्रवाल
प्रदीप	शिवकुमार झुनझुनवाला
माँ	प्रतिभा अग्रवाल
आनन्दा	श्यामा जैन
कल्याण	मदन चोपड़ा

उपयोग में आनेवाली वस्तुएँ

प्रथम अंक : अख़बार, पाइप एवं तम्बाकू का डिब्बा, दियासलाई, प्याला-तश्तरी, थाली, छुरी, तरकारी, ठोंगा, गिलास, ऐस्प्रो, सीढ़ी।

द्वितीय अंक : कुदाली, ट्रे, जग, तीन-चार गिलास, जग ढकने की जाली, जन्मपत्री।

तृतीय अंक : स्टेथेस्कोप, चिट्ठी।

प्रथम अंक

[जगुनाप्रसाद के मकान के साथ लगा बगीचा। एक ओर मकान का बरामदा, ऊपर दोमंजिले की खिड़की; दूसरी ओर बाहर जाने का रास्ता। बगीचे में कुछ पेड़ और गमले। सामने की ओर एक छोटा पेड़ जो आँधी से गिर गया है। बरामदे में और बगीचे में कुछ कुर्सियाँ, बेंचें आदि।

समय : रविवार की सुबह।

पर्दा खुलने पर जमुनाप्रसाद बैठे अख़बार का विज्ञापनवाला अंश पढ़ रहे हैं। उम्र साठ के आसपास। गठा बदन और शान्त स्वभाववाले आदमी। व्यापारी हैं तथापि देखकर साफ जाहिर होता है कि स्वयं हाथ से काम करके आगे बढ़े हैं। वे जब पढ़ते हैं, बातें करते हैं, सुनते हैं तो इतने ध्यान से कि स्पष्ट हो जाता है कि वे एक ऐसे बिना पढ़े-लिखे व्यक्ति हैं जिनके लिए अभी भी दुनिया को बहुत-सी साधारण चीज़ों में आश्चर्य बना है, जिनका निर्णय अनुभव और एक सामान्य किसान के सामान्य ज्ञान पर निर्भर करता है। अनेक आदमियों के बीच एक आदमी।

बरामदे में खड़ा डॉक्टर पाइप पी रहा है। उम्र चालीस के आसपास। आत्म-नियन्त्रित व्यक्ति, सहज भाव से बातचीत करनेवाला, किन्तु एक प्रकार की उदासीनता का भाव लिए हुए, ऐसी उदासीनता जिसका आभास उसके स्वयं के प्रति किए गए मजाक से भी मिलता है। पाइप बुझ जाती है। उसमें तम्बाकू भरने के लिए पॉकेट में तम्बाकू खोजता है पर पॉकेट खाली है।]

डॉक्टर : आपका तम्बाकू कहाँ है?

जमुना : शायद उस आलमारी पर पड़ा है।...लगता है आज रात पानी बरसेगा।

डॉक्टर : खबर के कागज में लिखा है?

जमुना : हाँ!

डॉक्टर : तो बेफिकर रहिए...बिल्कुल नहीं बरसेगा।

[ललित का प्रवेश। उम्र बत्तीस वर्ष। खुशदिल आदमी। अपनी निश्चित धारणा बनाकर रखनेवाला, अपने में अनिश्चित, तर्क करने पर चिड़चिड़ा उठनेवाली प्रवृत्ति, पर वैसे भला और सहायता करनेवाला। इत्मीनान से घूम रहा है। डॉक्टर को नहीं देखता]

ललित : नमस्कार, भाई साहब!

जमुना : नमस्कार भाई! कहो, क्या हो रहा है?

ललित : नाश्ता बहुत कर लिया है, सो ज़रा टहलकर उसे पचा रहा हूँ।...आसमान कैसा साफ हो गया है,

सुन्दर लग रहा है। नहीं?

जमुना : हाँ...बहुत सुन्दर!

ललित : हर रविवार को ऐसा ही मौसम रहना चाहिए।

जमुना : अख़बार देखोगे?

ललित : क्या करूँगा देखकर? हर दिन तो वही एक-सी बुरी खबरें छपती रहती हैं, पढ़ने लायक कुछ रहता ही नहीं। आज की सबसे बड़ी दुर्घटना क्या है?

जमुना : पता नहीं, मैंने तो खबरें पढ़ना छोड़ ही दिया है। वांटेडवाला कॉलम उससे कहीं रोचक होता है।

ललित : क्यों, आप कुछ खरीदना चाहते हैं?

जमुना : नहीं, बस यूँ ही पढ़ता हूँ, मुझे मजा आता है। लोग कैसी-कैसी भाँत-भाँतीली चीज़ें खरीदना चाहते हैं, यह पढ़-पढ़कर बड़ा मजा आता है। अब देखो न, एक साहब को न्यूफाउंडलैंड के दो कुत्ते चाहिए।

ललित : अच्छा!

जमुना : एक और साहब हैं, इन्हें पुरानी डिक्शनरियाँ चाहिए—बहुत ऊँचा दाम देने को तैयार हैं। अब पूछो कि यह भला आदमी पुरानी डिक्शनरियों का क्या करेगा?

ललित : क्यों? हो सकता है वह पुरानी किताबों का व्यापारी हो?

जमुना : तुम्हारे कहने का मतलब कि वह इस काम से अपनी रोज़ी कमाता होगा?

ललित : हाँ, क्यों नहीं! बहुतेरे लोग ऐसा करते हैं।

जमुना : पता नहीं, लोग अब कितने-कितने तरह के धन्धे

करने लगे हैं! भाई, मेरे समय में तो वकील हुए या डॉक्टर या फिर किसी दुकान में नौकरी की। अब तो...

ललित : मुझे ही देखिए न, मैं खुद जंगल का विशेषज्ञ बनना चाहता था।

जमुना : अब बोलो। मेरे समय में तो कोई इन सबकी कल्पना भी नहीं कर सकता था।...सच, यह पेज पढ़कर लगता है कि हम लोग कितने अज्ञानी हैं।...

ललित : *(पेड़ को देखकर)*
अरे, यह क्या हुआ?

जमुना : देखो न, लगता है रात के तूफान के कारण पेड़ की यह गति हो गई है! रात तूफान आया था, तुम्हें खबर है न?

ललित : लीजिए भला, खबर न होगी! मेरे बगीचे को भी एकदम तहस-नहस कर गया है। राम-राम... भाभीजी इसे देखेंगी तो...

जमुना : अभी तो और सब लोग सो रहे हैं। मैं भी यही सोच रहा हूँ कि कमला पर इसकी न जाने क्या प्रतिक्रिया हो...

ललित : *(अचानक)*
अच्छा! यह सब काफी अटपटा लगता है न?

जमुना : क्या?

ललित : शरद का जन्म अगस्त में हुआ। इसी महीने वह 27 का पूरा हुआ...और इसी महीने यह पेड़ गिरा।

जमुना : तुम्हें उसका जन्मदिन तक याद है? अच्छा! कितनी अच्छी बात है!

ललित : दरअसल, मैं उसकी जन्मपत्री बना रहा हूँ।

जमुना : जन्मपत्री तो भविष्य की जानकारी के लिए बनाई जाती है। अब उसका क्या होगा?

ललित : मैं कुछ और ही मतलब से बना रहा हूँ। वह 25 नवम्बर को लापता हुआ था न?

जमुना : हाँ!

ललित : मतलब, यदि वह मरा होगा तो 25 को ही। भाभीजी चाहती हैं कि...

जमुना : तो कमला ने जन्मपत्री बनाने को कहा है?

ललित : हाँ...माने वे जानना चाहती हैं कि 25 नवम्बर शरद के लिए शुभ दिन था या अशुभ?...कहने का मतलब यह है कि यदि 25 नवम्बर उसके लिए शुभ दिन था तो उस दिन उसकी मृत्यु असम्भव है।

जमुना : तुमने क्या पाया? क्या 25 नवम्बर उसके लिए शुभ था?

ललित : अभी मैं उसकी जन्मपत्री पर काम कर रहा हूँ... इसमें समय लगता है भाई साहब! देखिए, सीधी-सी बात है...यदि 25 नवम्बर उसके लिए शुभ था तो यह पूरी तरह मुमकिन है कि शरद अभी ज़िन्दा हो, क्योंकि...

[अचानक डॉक्टर पर नज़र पड़ती है।]

अरे, आपको तो मैंने देखा ही नहीं!

जमुना : डॉक्टर, ललित क्या कह रहा है, तुमने सुना? इसकी बातों में कोई तुक लगता है?

डॉक्टर : ललित की? हाँ-हाँ, एकदम ठीक कहता है। बस

वो अपने होश-हवास में नहीं है।

ललित : आपके साथ क्या मुसीबत है कि आप किसी चीज़ पर विश्वास नहीं करते?

डॉक्टर : और तुम्हारे साथ क्या मुसीबत है कि तुम किसी भी चीज़ पर विश्वास कर लेते हो?...तुमने मेरे सपूत को देखा है?

ललित : ना।

जमुना : मालूम है? आज वह डॉक्टर के बैग में से थर्मामीटर लेकर चम्पत हो गया है।

डॉक्टर : क्या मुसीबत है! जिस किसी लड़की को देखा, उसका टेम्परेचर लेने लगता है।

ललित : आपका बेटा सही माने में डॉक्टर बनेगा। खूब स्मार्ट है।

[जमना और ललित हँस पड़ते हैं—डॉक्टर भी साथ देता है]

डॉक्टर : अरे, हाँ...अनुराधा कहाँ है? दिखी नहीं?

ललित : अनुराधा आ गई?

जमुना : हाँ, कल रात आई है, एक बजे की गाड़ी से, हम उसे ले आए। सच डॉक्टर, अनुराधा इतनी बड़ी हो गई है और इतनी खूबसूरत कि पूछो मत! दो ही बरसों में जैसे वह बच्ची से युवती बन गई है। उनका बड़ा सुखी परिवार हमारे पड़ोस में रहा करता था।

डॉक्टर : मैं उससे मिलने को उत्सुक हो रहा हूँ। चलो, मुहल्ले में कोई देखने लायक लड़की तो आई! अपने चारों ओर तो एक भी सूरत ऐसी नहीं है

जिसकी ओर नज़र तक उठाई जा सके...

[शान्ति का प्रवेश]

सिवाय मेरी पत्नी के।

शान्ति : मिसेज़ तनेजा का टेलीफोन है।

डॉक्टर : उसे अब क्या हो गया?

शान्ति : मैं क्या जानूँ, आप ही जाकर पूछिए। चुड़ैल कहीं की...बोल तो ऐसे रही थी मानों बहुत तकलीफ में हो!

डॉक्टर : कह क्यों नहीं दिया कि थोड़ी देर लेटे रहे।

शान्ति : मैं क्यों कहने जाऊँ? आपकी मधुर आवाज़ सुने बिना उसे चैन कहाँ!...उसके सेंट की सुगन्ध टेलीफोन पर भी आ रही थी। जाओ...जाओ...वह व्याकुल हो रही होगी।

डॉक्टर : मेरी तो बड़ी मुसीबत है...

[बोलते-बोलते प्रस्थान]

जमुना : क्यों बेकार बेचारे को कोंचती हो? डॉक्टरी पेशा है तो औरतें फोन तो करेंगी ही!

शान्ति : हाँ, तो करें न! मैंने तो इतना ही कहा कि मिसेज़ तनेजा का फोन है।

जमुना : तुम लम्बे अरसे तक नर्स रही हो, शान्ति! तुम... तुम बहुत जल्दी बात पकड़ लेती हो।

शान्ति : *(हँसते हुए)*

अब आपकी समझ में बात आई। अरे, हाँ, अनु आ गई है न? उससे कहिएगा कि दोपहर में उधर आए। हम लोगों ने उसके मकान में क्या-क्या

रद्दोबदल कर डाली है, यह तो देख जाए।

[भीतर से ललित की पत्नी पुकारती है—'अजी सुनते हो, टोस्टर का तार जल गया है। ज़रा ठीक कर दो।]

ललित : आया।...अच्छा, भाई साहब...

[प्रस्थान]

शान्ति : मैं भी चलूँ...देखूँ मुन्ना आया कि नहीं। ऐसा ऊधमी है कि बस...हाँ, अनु से कहना मत भूलिएगा।

[प्रस्थान]

[ज़रा देर खामोशी। जमुनाप्रसाद अख़बार देख रहे हैं। हाथ में चाय का प्याला लिए प्रदीप का प्रवेश और उम्र बत्तीस वर्ष। अपने पिता की तरह गठे बदनवाला बातें सुननेवाला ऐसा व्यक्ति, जिसमें स्नेह करने और निष्ठावान बने रहने की अत्यधिक क्षमता है।]

जमुना : अख़बार चाहिए?

प्रदीप : नहीं, आप देखिए, मैं सिर्फ यह बुक सेक्शन ले लूँ।

[अख़बार के पृष्ठ निकाल लेता है]

जमुना : तुम किताबों के बारे में पढ़ते तो बराबर हो, पर खरीदते कभी नहीं।

प्रदीप : मैं अपने अज्ञान को बनाए रखना चाहता हूँ।

जमुना : अच्छा, हर हफ्ते एक-न-एक किताब छप जाती है?

प्रदीप : एक नहीं लालाजी, अनेक।

लालाजी : और सब अलग-अलग?

प्रदीप : हाँ, सब अलग-अलग।

जमुना : अनु अभी उठी नहीं?

प्रदीप : नाश्ता कर रही है।

जमुना : देखो, पेड़ की क्या गति हो गई! न जाने कमला को कैसा लगे...मैं सोचता हूँ, वह खुद इसे देखे, इसके पहले ही उसे बतला दिया जाए...

प्रदीप : उन्हें मालूम है।

जमुना : कैसे? वह तो सुबह से इधर आई नहीं है।

प्रदीप : सबेरी पहर जब यह पेड़ गिरा तो माँ यहीं थीं।

जमुना : क्यों?

प्रदीप : सो मैं नहीं जानता। पेड़ के चरमराने की आवाज़ सुनकर जब मैं खिड़की पर आया तो देखा, माँ यहाँ खड़ी थीं। पेड़ का गिरना उन्होंने अपनी आँखों से देखा है।

जमुना : पर वह यहाँ कर क्या रही थी?

प्रदीप : पता नहीं। पेड़ के गिरने पर वे फूट-फूटकर रो पड़ीं।

जमुना : तुमने उसे सँभाला नहीं?

प्रदीप : मैंने सोचा, उन्हें अकेली छोड़ देना ही बेहतर होगा।

जमुना : वह बहुत रोई?

प्रदीप : उनकी सिसकियों की आवाज़ देर तक ऊपर

सुनाई पड़ती रही।

जमुना : *(ज़रा रुककर)*
पता नहीं वह बाहर क्या कर रही थी!

[ज़रा रुककर हल्के गुस्से से]

वह फिर उसके बारे में सोचने लगी है—रात-रात-भर चक्कर काटना चालू हो गया है।

प्रदीप : मुझे नहीं पता।

[रुककर]

एक बात कहूँ लालाजी! माँ के साथ हम लोगों ने एक बड़ी भूल की है।

जमुना : क्या?

प्रदीप : उनके साथ ईमानदारी न बरतने की। ऐसी हरकत का नतीजा कभी-न-कभी तो भुगतना ही पड़ता है। हम लोग वही भुगत रहे हैं।

जमुना : ईमानदारी न बरतने की भूल, क्या मतलब?

प्रदीप : आप जानते हैं कि शरद नहीं लौटनेवाला है। मैं भी जानता हूँ। फिर भी हम और आप उनके इस विश्वास का खंडन क्यों नहीं करते? कह क्यों नहीं देते कि हम उनकी तरह शरद को ज़िन्दा नहीं मानते हैं।

जमुना : तुम चाहते क्या हो? इस बारे में उससे तर्क करना?

प्रदीप : नहीं, तर्क नहीं करना चाहता। पर हाँ, इतना ज़रूर चाहता हूँ कि माँ समझ लें कि हममें से कोई भी शरद को ज़िन्दा नहीं मानता।...वे क्यों न

उसके सपने देखें?...क्यों न सारी रात उसकी प्रतीक्षा करें? क्या हम लोग कभी उनकी बात का खंडन करते हैं? क्या कभी हम लोग साफ-साफ यह कहते हैं कि हम शरद की ओर से निराश हो चुके हैं? आज नहीं, बरसों पहले?

जमुना : *(भयभीत-सा)*

यह सब तुम कमला से कैसे कह सकते हो?

प्रदीप : हमें कहना होगा।

जमुना : तुम अपनी बात को प्रमाणित कैसे करोगे?

प्रदीप : लालाजी...तीन साल गुज़र चुके हैं। इतने बरसों बाद भी क्या कोई आता है? इस बारे में कोई उम्मीद रखना पागलपन है।

जमुना : मेरे और तुम्हारे लिए हो सकता है प्रदीप, पर तुम्हारी माँ के लिए नहीं। उसकी न तो लाश मिली, न मरने की निश्चित खबर। फिर उसे मरा हुआ कैसे मान लिया जाए?

प्रदीप : आप बैठिए! मैं आपसे कुछ कहना चाहता हूँ।

जमुना : सारी मुसीबत की जड़ ये अख़बार हैं। हर महीने, कहीं-न-कहीं से, किसी-न-किसी लापता आदमी के लौटने की खबर छाप देते हैं। ऐसी हालत में अगला आदमी शरद भी हो सकता है, इस सम्भावना को कैसे एकदम भुला दिया जाए?

प्रदीप : ठीक है...ठीक है।

[ज़रा रुककर]

आप जानते हैं, अनु को मैंने यहाँ क्यों बुलाया है?

जमुना : नहीं तो।

प्रदीप : आप जानते हैं।

जमुना : मैं कुछ-कुछ अनुमान लगा रहा था...माज़रा क्या है?

प्रदीप : मैं उसके सामने शादी का प्रस्ताव रखने जा रहा हूँ।

जमुना : यह तुम्हारा व्यक्तिगत मामला है...

प्रदीप : यह केवल मेरा व्यक्तिगत मामला नहीं है।

जमुना : तुम मुझसे क्या चाहते हो! तुम बड़े हो गए हो, अपने बारे में जो उचित समझो...

प्रदीप : *(नाराज होकर)*

ठीक है तो फिर मैं जो उचित समझूँ सो...?

जमुना : तुम जानना चाहते हो कि माँ इस बारे में...

प्रदीप : देखा आपने? यह केवल मेरा व्यक्तिगत मामला नहीं है।

जमुना : मैं तो इतना ही कह रहा था कि...

प्रदीप : कभी-कभी आप ऐसी बातें करते हैं कि मेरे लिए अपने-आप पर काबू रखना असम्भव हो जाता है। मेरी बातें सुनकर माँ यदि बेचैन होती हैं तो क्या आपको उससे कुछ भी सरोकार न होगा? आप ऐसी होशियारी से कन्नी काटकर निकल जाना चाहते हैं कि...

जमुना : मैं वहीं कन्नी काटता हूँ, जहाँ वैसा करना ज़रूरी होता है। अनु शरद की मंगेतर है।

प्रदीप : वह उसकी मंगेतर अब नहीं है।

जमुना : तुम्हारी माँ की दृष्टि में शरद अभी ज़िन्दा है और इसलिए अनु से शादी करने का तुम्हें अधिकार नहीं है।

[रुककर]

अब इस स्थिति पर तुम्हीं विचार कर लो और जिस रास्ते चलना उचित लगे, चलो, मैं क्या कहूँ! मेरी समझ में, कुछ भी नहीं आ रहा है।...मैं तुम्हारी क्या सहायता करूँ...

प्रदीप : पता नहीं क्यों, हर बार मेरे साथ ऐसा ही होता है। जब भी मैं किसी चीज़ को पाने के लिए आगे बढ़ता हूँ, मुझे हाथ खींच लेना पड़ता है, क्योंकि मेरे वैसा करने से किसी का जी दुखेगा। हर बार...हर बार मुझे इसी तरह अपना मन बटोरने को मजबूर होना पड़ता है...मैं ही...

जमुना : तुम दूसरों का बहुत ख़याल रखते हो, उदार हो, इसीलिए न! इसमें अफ़सोस क्यों?

प्रदीप : जहन्नुम में जाए यह उदारता...

जमुना : तुमने अनु से चर्चा कर ली है?

प्रदीप : अभी नहीं। सोचा था, पहले अपने घर में तो तय कर लूँ।

जमुना : यह तुम कैसे मान बैठे हो कि वह तुमसे विवाह करेगी ही? हो सकता है, वह भी तुम्हारी माँ की तरह मानती हो!

प्रदीप : यदि ऐसा होगा, तो फिर कहने-सुनने को कुछ नहीं रह जाएगा। पर उसकी चिट्ठियों से मुझे यही लगा है कि वह शरद को भूल चुकी है। खैर, इसकी जानकारी मैं कर लूँगा, फिर हम माँ से बात करेंगे। ठीक?...लालाजीं, आप मुझसे कभी मत कटिए।

जमुना : असल में तुम्हारे साथ मुसीबत क्या है कि तुम अभी तक बहुत कम लड़कियों के सम्पर्क में आए हो...

प्रदीप : मुझे इससे अधिक की ज़रूरत भी नहीं है।

जमुना : पर आखिर तुमने अनु को ही क्यों चुना?

प्रदीप : मेरा मन।

जमुना : बहुत अच्छे! पर इससे बात कुछ बनती नहीं। फिर पिछले पाँच सालों से तुम उससे मिले नहीं हो, लड़ाई पर गए तब से...

प्रदीप : ठीक है, पर उससे कोई फर्क नहीं पड़ता। मैं उसे ही सबसे अच्छी तरह जानता हूँ। उसके पड़ोस में मैंने अपनी ज़िन्दगी के इतने साल बिताए हैं। पिछले दिनों जब मैंने विवाह की बात सोची, वही मेरी आँखों के सामने रही। और क्या चाहिए?

जमुना : प्रदीप...तुम...माँ मानती है कि शरद ज़िन्दा है और लौटेगा। अनु से विवाह करने का मतलब हुआ कि तुम शरद की मौत का खुलेआम ऐलान कर रहे हो। माँ के ऊपर इसका क्या असर पड़ेगा, तुम अनुमान लगा सकते हो? पता नहीं, मेरा दिमाग तो काम ही नहीं करता।

[रुक जाता है]

प्रदीप : तो फिर ठीक है!

जमुना : इस पर थोड़ा और विचार कर लो...

प्रदीप : पिछले तीन सालों से मैं इस पर विचार कर रहा हूँ। मैंने माना था कि समय पाकर माँ शरद को भूल जाएँगी और तब हम लोग हँसी-खुशी शादी

कर लेंगे। पर अब यदि यहाँ वैसा होना सम्भव नहीं है तो फिर कहीं और सही।

जमुना : यह तुम क्या बकवास कर रहे हो?

प्रदीप : मैं यहाँ से चला जाऊँगा। कहीं और जाकर शादी कर लूँगा और वहीं बस जाऊँगा।

जमुना : तुम्हारा दिमाग खराब हो गया है?

प्रदीप : मैं बहुत दिनों तक दूध पीता बच्चा बना रहा, अब और नहीं। बहुत हुआ।

जमुना : यहाँ इतना बड़ा रोज़गार फैला हुआ है। उसका क्या होगा?

प्रदीप : रोज़गार में मुझे कोई दिलचस्पी नहीं है।

जमुना : दिलचस्पी होना ज़रूरी है?

प्रदीप : हाँ! दिन में एक घंटे से अधिक मुझे आपका रोज़गार अच्छा नहीं लगता। यदि रुपए कमाने के लिए मुझे दिन-भर कारखाने में सिर मारना ही पड़े तो कम-से-कम इतना तो ज़रूर चाहता हूँ कि शाम को जब थका-माँदा लौटूँ तो मेरा अपना कहने लायक घर-परिवार हो, बच्चे हों और उनके बीच मैं अपने को भूल जाऊँ। मेरे लिए इस सबका केन्द्र अनु ही रही है। अब...यह मुझे कहाँ मिलेगा?

जमुना : तुम्हारा मतलब...

[पास आते हुए]

तुम यह हाल-रोज़गार छोड़ देना चाहते हो?

प्रदीप : हाँ, यदि वैसा करना ही पड़ा तो...।

जमुना : *(रुककर)*

तुम अपनी ओर से ऐसा करना नहीं चाहते हो न?

प्रदीप : नहीं।...आप मेरी सहायता कीजिए न, ताकि मैं यहाँ रह सकूँ।

जमुना : ठीक है पर...पर फिर कभी ऐसी बात सोचना भी मत। मैंने इतना झमेला क्यों किया! किसके लिए? तुम्हारे लिए ही तो...तुम...

प्रदीप : मैं जानता हूँ लालाजी! आप...आप मेरी सहायता कीजिए न!

जमुना : अब कभी वैसी बात मन में भी मत लाना। समझे?

प्रदीप : पर मैं वही सोच रहा हूँ।

जमुना : *(निराश-सा)*
लगता है, मैं तुम्हें समझ नहीं पाया हूँ!

प्रदीप : आप सही कहते हैं। मैं काफी हठी हूँ और अपनी बात पर अड़ा रह सकता हूँ।

जमुना : सो तो देख रहा हूँ।

[माँ का प्रवेश। 50 के आसपास उम्र। अत्यन्त स्नेहशील एवं सहज ही प्रेरित हो जानेवाली। हाथ में तरकारी और छुरी लिए है]

माँ : भीतर टेबल पर एक ठोंगा रखा था। तुमने देखा है?

जमुना : उसमें कूड़ा था न? उसे मैंने कूड़े की बाल्टी में फेंक दिया।

माँ : हे भगवान! उसमें कूड़ा नहीं, आलू थे।

जमुना : मुझे क्या पता! मैंने सोचा, कूड़ा होगा।

माँ : अच्छा, तुमको हर जगह कूड़ा-ही-कूड़ा क्यों नज़र आता है? और उसकी सफाई को क्यों इतने व्याकुल हो जाते हो? लाओ, बाल्टी में से ठोंगा उठाकर दो। अभी-अभी नौकरानी बाल्टी धो गई है।

[प्रदीप ठोंगा उठाने जाता है]

जमुना : मैं सोचा करता था कि जब मेरे पास पैसा होगा तो एक नौकर रख लूँगा और बीवी को बुढ़ापे में थोड़ा आराम पहुँचाऊँगा। पैसा भी हुआ, नौकरी भी रखा, पर बीवी की दशा वैसी ही रही। उसे गृहस्थी से छुट्टी न मिली।

[माँ इस बीच बैठकर तरकारी काटने लगी है। प्रदीप ठोंगा लाकर देता है]

माँ : क्या करूँ? उसकी औरत बीमार हो गई है, वह छुट्टी लेकर चला गया है।

प्रदीप : अनु ने नाश्ता कर लिया?

माँ : हाँ, हाथ धो रही थी। आती ही होगी। रात तूफान ने अच्छी-खासी बरबादी की।

[पेड़ को दिखलाते हुए]

इसे भी ले बीता।

जमुना : कोई बात नहीं। तुम परेशान मत हो।

माँ : न जाने सिर में कैसा विचित्र-सा दर्द हो रहा है।

प्रदीप : ऐस्प्रो ला दूँ?

[माँ उठाकर बगीचे में जाती है, कुछ पंखुड़ियाँ उठाकर बिखेर देती है]

माँ : गुलाब भी नहीं रहे। कैसी अजीब-सी बात है, सबकुछ एक साथ घट रहा है। इसी महीने शरद का जन्मदिन है, इसी महीने उसका पेड़ गिरा, अनु आई। अभी भंडार में गई तो कोने में उसका बैट पड़ा दिखा–कितने दिनों से उस पर नज़र ही नहीं पड़ी थी।

प्रदीप : अनु सुन्दर हो गई है न माँ?

माँ : हाँ। वह सुन्दर तो है ही, इसमें कोई सन्देह नहीं।...फिर भी मेरी समझ में नहीं आ रहा है कि वह यहाँ क्यों आयी है। यह नहीं कि उसे देखकर मुझे अच्छा न लगा हो, फिर भी...

प्रदीप : मैंने सोचा था कि हम सब फिर से मिलकर खुश होंगे।...खासकर मैं उससे मिलना चाहता था।

माँ : खाली उसकी नाक थोड़ी और लम्बी हो गई है। फिर भी वह लड़की मुझे बहुत पसन्द है। वह अभी तक शरद के लिए इन्तज़ार कर रही है– उसने दूसरों के साथ आशनाई नहीं शुरू कर दी।

जमुना : तुम भी कैसी बातें...

माँ : *(काटकर)*

मैंने बहुत दुनिया देखी है। कौन किसी के लिए इन्तज़ार करता है? वह आई, इसकी मुझे खुशी है। अब तो तुम्हें भरोसा हो जाएगा कि मैं पागल नहीं हूँ।

प्रदीप : अनु अभी तक कुँवारी बैठी है, इसका आपने यह मतलब कैसे लगाया कि वह शरद का इन्तज़ार ही कर रही है?

माँ : और नहीं तो क्या?

प्रदीप : कुँवारी रहने के और बहुत कारण हो सकते हैं।

माँ : जैसे?

प्रदीप : पता नहीं...कुछ भी हो सकता है।

[माँ सिर पकड़ लेती है]

आपके लिए ऐस्प्रो ला दूँ?

माँ : सिर दर्द नहीं कर रहा है, पर न जाने कैसा-कैसा लग रहा है।

जमुना : तुम्हें अच्छी तरह नींद नहीं आती, इसीलिए ऐसा हो जाता है।

माँ : कल रात बड़ी खराब गुज़री। ऐसी रात पहले कभी नहीं आई थी।

प्रदीप : क्या हुआ था माँ? सपना देखा था?

माँ : सपने से भी ज़्यादा!

प्रदीप : *(हिचकिचाते हुए)*

शरद को देखा था?

माँ : मैं गहरी नींद में सोई हुई थी और...

[दर्शकों की ओर हाथ उठाकर]

याद है न, जब वह पायलट की ट्रेनिंग ले रहा था—किस तरह छत के एकदम पास से गुज़रा करता था और जहाज में उसका चेहरा साफ दिखलाई पड़ता था। वैसे ही कल रात उसे देखा—बस वह केवल थोड़ा दूर था, बादलों के पार। वह एकदम जीता-जागता लग रहा था। मैं हाथ बढ़ाकर उसे छू सकती थी। अचानक वह गिरने लगा। 'माँ-माँ' करके वह चिल्लाया। ऐसा लगा

जैसे वह कमरे में ही हो। 'माँ'...उसी की आवाज़ थी। यदि मैं उसे छू पाती तो ज़रूर बचा लेती... ज़रूर बचा लेती।

[उठा हुआ हाथ नीचे आता है]

मेरी आँख खुल गई। बाहर तूफानी हवा बह रही थी, उसके इंजिन की आवाज़ की तरह आवाज़ करती। मैं बाहर यहाँ आई...ज़रूर आधी नींद में रही होऊँगी। धड़धड़ाहट तब भी सुनाई पड़ रही थी। उसी समय मेरी आँखों के सामने पेड़ चरमराकर नीचे आ रहा और साथ ही मैं भी... मेरी नींद भी टूट गई।

[जमुना से]

देखा, हम लोगों को उसकी याद में पेड़ नहीं लगाना चाहिए था। मैंने पहले ही मना किया था कि इतनी जल्दी करना ठीक नहीं।

प्रदीप : इतनी जल्दी?

माँ : सबको जल्दी पड़ी थी...उसका काम खत्म करने की जल्दी सबको पड़ी थी।...मैंने तुमसे कहा था...

प्रदीप : माँ...माँ...पेड़ आँधी से गिरा है, आप बेकार परेशान हो रही हैं। इससे क्या बनता-बिगड़ता है? आप क्या कहे जा रही हैं? माँ...फिर से वही बीती बातें मत दुहराइए, इससे अब कोई लाभ नहीं। शायद हम लोगों को अब उसे भूलने की कोशिश करनी चाहिए।

माँ : यह बात तुमने इस हफ्ते तीसरी बार कही है।

प्रदीप : इसलिए कि वैसा करना ज़रूरी है। कोई कभी दुबारा ज़िन्दा नहीं हो सकता। हम लोग स्टेशन पर खड़े एक ऐसी ट्रेन का इन्तज़ार कर रहे हैं जो आती ही नहीं।

माँ : मुझे ऐस्प्रो ला दो।

प्रदीप : अभी लाया। माँ, हम लोगों को अब इस घेरे को तोड़कर बाहर निकलना ही होगा।...मैं तो सोच रहा था कि हम चारों आज घूमने चलते, रात का खाना बाहर खाते।

माँ : चलो,

[जमुना से]

क्यों?

जमुना : चलो, मैं तो राज़ी हूँ।

प्रदीप : मैं अभी ऐस्प्रो लाया। आज एकदम ठीक हो जाइए, फिर...

[प्रस्थान]

माँ : प्रदीप ने अनु को क्यों बुलाया है?

जमुना : इसे लेकर तुम परेशान क्यों हो रही हो?

माँ : साढ़े तीन साल से वह बम्बई में थी। आज अचानक...

जमुना : हो सकता है...हो सकता है प्रदीप उससे ऐसे ही मिलना चाहता हो।

माँ : ऐसे ही मिलने के लिए कोई पाँच सौ मील का सफर नहीं करता।

जमुना : अरे, इसमें इतनी बड़ी क्या बात है? दोनों एक-दूसरे के पड़ोस में हमेशा से रहे हैं। प्रदीप उससे मिलना चाहता हो, इसमें बुराई क्या है?... मेरी ओर इस तरह मत देखो...उसने मुझे भी उतना ही बताया है जितना तुम्हें...कुछ भी अधिक नहीं।

माँ : प्रदीप उससे शादी नहीं कर सकता।

जमुना : वह इस दिशा में सोच रहा है, यह तुम्हें कैसे पता?

माँ : वह सोच रहा है।

जमुना : अच्छा, मान लो सोच ही रहा हो तो!

माँ : माज़रा क्या है, तुम लोग क्या करना चाहते हो!

जमुना : देखो, मेरी बात सुनो...

माँ : अनु प्रदीप से शादी नहीं कर सकती...अपने मन में वह जानती है कि वह ऐसा नहीं कर सकती।

जमुना : तुम क्या जानो उसके मन में क्या है?

माँ : उसके मन में कुछ और है तो वह अभी तक कुँवारी क्यों है? दुनिया में लड़कों की कमी है क्या? न जाने कितने लोगों ने उसके इस इन्तज़ार करने का मज़ाक उड़ाया होगा, फिर भी वह अपने निश्चय से डिगी नहीं।

जमुना : तुम्हें क्या पता कि वह क्यों इन्तज़ार कर रही है।

माँ : जिसलिए मैं कर रही हूँ, उसीलिए वह भी कर रही है। वह पत्थर की तरह दृढ़ है। कभी-कभी जब मेरा मन बहुत घबड़ाता है तो मैं उसी की बात सोचती हूँ और तब मेरा विश्वास दृढ़ होने लगता

है कि मैं सही हूँ।

जमुना : उँह, कहाँ की फालतू बातों में हम लोग उलझ गए। हटाओ भी। ऐसा अच्छा मौसम है...

माँ : *(चेतावनी के स्वर में)*

इस घर में कोई उसके विश्वास को नहीं तोड़ सकता। बाहरवाले करें तो करें, पर शरद का भाई या उसके पिता ऐसा नहीं कर सकते।

जमुना : तुम मुझसे क्या चाहती हो? बोलो, क्या चाहती हो?

माँ : मैं चाहती हूँ कि तुम लोग ऐसा बर्ताव करो जैसे वह लौटनेवाला हो, तुम दोनों। प्रदीप ने जब से अनु को बुलाया है, तब से तुम्हारा रवैया मेरी नज़रों से छिपा नहीं है। इस घर में कोई भी ऐसी-वैसी बात मैं नहीं होने दूँगी, कहे देती हूँ।

जमुना : पर...तुम तो...

माँ : क्योंकि यदि वह नहीं लौटनेवाला है तो मैं अपनी जान दे दूँगी। तुम मुझ पर हँसना चाहो तो हँसो।

[पेड़ दिखलाते हुए]

पर यह पेड़ उसी रात क्यों गिरा जिस रात वह आई? जितना चाहे हँसो, पर इन बातों का कुछ मतलब होता है। अनु उसके कमरे में सोने जाती है और उसकी निशानी टुकड़े-टुकड़े हो जाती है। देखो...इसे देखो...

जमुना : तुम धीरज रखो।

माँ : मेरी ही तरह तुम भी विश्वास करो न? मुझसे यह सब अकेले नहीं सहा जाता।

जमुना : शान्त हो।

माँ : अभी पिछले हफ्ते ही एक आदमी लौटा है—वह शरद से पहले से लापता था, अख़बार में तुमने खुद पढ़ा था।

जमुना : हाँ...हाँ...तुम...

माँ : और सबसे ऊपर तुम्हें तो विश्वास करना ही होगा...तुम्हें...

जमुना : क्यों? सबसे ऊपर मुझे क्यों?

माँ : तुम विश्वास करना मत बन्द करो।

जमुना : पर मैं ही खासकर क्यों?...तुम चाहती क्या हो?...क्या मैंने कोई चोरी की है? कुछ छिपा रहा हूँ?

माँ : नहीं...मैंने यह कब कहा! बस तुम...

[प्रदीप और अनु का प्रवेश। अनु की उम्र 26 साल। सौम्य, और जो कुछ जानती है उसे अपने तईं रखने की अद्भुत क्षमता लिए है]

जमुना : आओ अनु बेटी। हमलोग तुम्हारी ही चर्चा कर रहे थे।

प्रदीप : इस ठंडी और ताजी हवा में साँस लो। ऐसी हवा बम्बई में न नसीब होती होगी।

माँ : बड़ी सुन्दर साड़ी पहन रखी है। कहाँ से ली?

अनु : पूने से। मुझे इतनी अच्छी लगी कि अपने-आपको रोक पाना असम्भव हो गया।

प्रदीप : बात टालिए मत। अनु सचमुच सुन्दर हो गई है न?

माँ : *(प्रदीप की प्रशंसा से चौंक जाती है। हड़बड़ाकर उसके हाथ से ऐस्प्रो की टिकिया और पानी का गिलास लेकर टिकिया निगलते हुए अनु से)* तुम्हारा वज़न थोड़ा बढ़ा लगता है।

अनु : *(हँसते हुए)* वह तो बढ़ता-घटता रहता है।

[बगीचे की ओर जाते हुए]

अरे, जामुन के पेड़ इतने बड़े हो गए?

जमुना : बड़े नहीं होंगे? चार साल हो गए। इन चार सालों में हम सब कहाँ-से-कहाँ पहुँच गए हैं।

माँ : तुम्हारी माँ को बम्बई कैसा लगा?

अनु : अरे, हमारा झूला क्यों उतार डाला?

जमुना : टूट गया, कोई दो साल हुए।

माँ : टूट नहीं गया, तोड़ डाला गया। अच्छे खासे लोग खा-पीकर जब उसमें धँसेंगे तो क्या होगा! डॉक्टर ही नहीं, वक्त-बेवक्त सभी लोग...

अनु : आप भी...

[हँस पड़ती है। डॉक्टर के मकान की ओर जाती है। डॉक्टर का प्रवेश]

डॉक्टर : नमस्ते!

प्रदीप : अनु, ये डॉक्टर गुप्ता।

अनु : नमस्ते! प्रदीप आपके बारे में अक्सर लिखा करते हैं।

डॉक्टर : इसकी बात का रत्ती-भर भी विश्वास मत कीजिएगा। इसे हर कोई अच्छा ही लगता है।

जानती हैं, मिलिटरी में सब लोग इसे गुडी-गुडी माताजी कहा करते थे।

अनु : हाँ न? हो सकता है।

[माँ से]

डॉक्टर साहब को उधर से आते देखकर बड़ा अजीब-सा लगा।

[प्रदीप से]

लगता है जैसे कहीं कुछ बदला ही न हो—माँ-बाबूजी अभी भी वहीं हैं। तुम और भैया एलजबरा कर रहे हो, शरद मुझे अंग्रेज़ी पढ़ा रहा है।...सच कितने प्यारे थे वे दिन...आज तो सब जैसे समाप्त हो गया।

डॉक्टर : मुझे, विश्वास है कि आप मुझसे वह मकान खाली करवाने नहीं जा रही हैं।

शान्ति : *(भीतर से)*
बैनर्जी का फोन है।

डॉक्टर : तुमसे कहा न कि मैं वहाँ...

शान्ति : देखो, फालतू की बातें करने से कोई लाभ नहीं। उनसे टाइम करके चले जाओ।

डॉक्टर : अच्छा बाबा, अच्छा! अनुजी, आपसे बहुत थोड़ी देर के लिए मिल पाया हूँ पर एक नसीहत दिए बिना नहीं रहा जाता। जब आप ब्याह करें न, तो अपने पति की आमदनी की चिन्ता मत कीजिएगा। अब इसके कहने से 5 रुपए फीस के लिए मुझे आज छुट्टी के दिन बैनर्जी के यहाँ जाना ही होगा।

शान्ति : *(भीतर से)*
अरे, सुनते हो?

डॉक्टर : आया...

[प्रस्थान]

माँ : मैंने तो शान्ति को कई बार समझाया कि गिटार सीखना शुरू कर दे। घर की बहुत-सी अशान्ति दूर हो जाएगी। डॉक्टर को गिटार बहुत पसन्द है।

[अनु वातावरण को हल्का बनाना चाहती है। माँ के पास आकर बैठ जाती है]

अनु : आज रात हम लोग बाहर खाना खाने चल रहे हैं न? पहले किस तरह हम लोग साथ घूमा करते थे—आप तीनों, शरद, हम लोग...

माँ : तुम अभी भी शरद को याद करती हो न! देखा!

अनु : क्या मतलब?

माँ : कुछ नहीं। बस यही कि अभी भी तुम्हारे दिल में उसके लिए जगह है।

अनु : वाह, यह भी कोई बात हुई। मैं उसे भूल कैसे सकती हूँ?

माँ : हाँ!...अरे हाँ, तुमने अपने कपड़े सजा लिये?

अनु : हाँ।

[प्रदीप से]

पूरी आलमारी तो तुमने कपड़ों से भर रखी है। मुश्किल से मैं अपने लिए जगह निकाल पाई।

माँ : तुम भूल गईं? वह तो शरद का कमरा है।

अनु : माने...वे सब कपड़े शरद के हैं?

माँ : हाँ। तुमने पहचाने नहीं?

अनु : नहीं...माने...मैं सोच भी नहीं सकती थी कि आप इस तरह उसके...जूते तक पॉलिश किए हुए थे।

माँ : हाँ...

[माँ अनु के निकट आती है। उसे बाँहों में घेर लेती है]

अनु, मैं तुमसे बातें करने के लिए न जाने कितनी बेचैन रही हूँ। मुझसे कुछ कहो।

अनु : क्या?

माँ : कुछ भी। कोई अच्छी-सी बात।

प्रदीप : माँ का मतलब है कि तुम किसी लड़के वगैरह की तलाश में हो या नहीं।

अनु : प्रदीप...

जमुना : और कोई मन लायक दिखा या नहीं!

माँ : तुम लोग क्यों बेचारी को परेशान कर रहे हो?

अनु : इन लोगों की बातें छोड़िए। आइए हम लोग अपनी बातें करें। आपकी जो मर्जी आए, पूछिए।

माँ : तुम सबमें सबसे समझदार अनु ही है।

[अनु से]

तुम्हारी माँ के क्या हालचाल हैं? अभी भी अलग रहने की बात करती हैं?

अनु : पहले से तो बहुत शान्त हो गई हैं और अलग रहने की बात भी नहीं करतीं। मुझे तो लगता है

कि बाबूजी के जेल से छूटने पर वे लोग फिर साथ ही रहेंगे, पर हाँ, बम्बई में।

माँ : यह तो अच्छी बात है। सारे सबके बावजूद, तुम्हारे बाबूजी दिल के अच्छे आदमी हैं।

अनु : मेरी बला से। उन लोगों की मर्ज़ी जो आए करें।

माँ : और तुम?...तुम दूसरे लड़कों से मिलती-जुलती हो?

अनु : *(कोमलता से)*
आप जानना चाहती हैं कि मैं उसका इन्तज़ार कर रही हूँ या नहीं।

माँ : नहीं...भला यह मैं कैसे आशा कर सकती हूँ कि तुम इतने लम्बे अरसे तक...

अनु : पर जानना यही चाहती हैं।

माँ : हाँ...तुम...

अनु : देखिए...सच बात यह है कि अब मैंने उसके बारे में सोचना छोड़ दिया है।

माँ : *(आहत-सी)*
सच...?

अनु : आप ही सोचिए, उससे अब क्या लाभ? क्या आप मानती हैं कि वह अभी भी...

माँ : देखो बेटी, अक्सर ही तो खबर आती रहती है, शरद के भी पहले से लापता लोग लौटे हैं।

प्रदीप : माँ, आपके सिवा दुनिया में और कोई न होगा जो तीन साल बाद भी...

माँ : इस बारे में तुम निश्चित हो?

प्रदीप : हाँ।

माँ : ठीक है, तुम निश्चित हो तो हुआ करो।

[दूर खोई हुई-सी]

हर माँ अपने खोये हुए बच्चे का इन्तज़ार करती है–अख़बारों में यह नहीं छपता, पर...

प्रदीप : माँ, आप तो एकदम...

माँ : चुप रहो, बहुत हुआ।

[विराम]

कुछ ऐसी बातें भी हैं जो तुम लोग नहीं जानते... तुम सब। उनमें से एक मैं तुम्हें बतलाती हूँ, अनु। अपने मन के गहरे में तुम हमेशा उसका इन्तज़ार करती रही हो।

अनु : आप...

माँ : तुम नहीं जानतीं...अपने मन में तुम ज़रूर...

प्रदीप : उसके मन में क्या है, यह वह नहीं जानती?

माँ : इन लोगों की बातें मत सुनो...इनकी राय से तुम कुछ मत सोचो, कुछ मत मानों। तुम अपने दिल की पुकार सुनो...केवल अपने दिल की।

अनु : आपका दिल उसे ज़िन्दा क्यों मानता है?

माँ : क्योंकि उसे ज़िन्दा होना ही है।

अनु : क्यों?

माँ : क्योंकि कुछ बातों को होना ही होता है और कुछ कभी हो ही नहीं सकतीं। जैसे सूरज है, उसे निकलना ही होता है। इसीलिए भगवान है। भगवान न होता तो कुछ भी हो सकता था। और भगवान है, इसीलिए बहुत-सी बातें नहीं हो पातीं। यदि कोई बात होती तो मुझे ज़रूर पता

चल जाता—ठीक वैसे ही, जैसे उस दिन पता चला था, जब प्रदीप भयानक मोर्चे पर गया था। यह खबर न रेडियो पर आई थी, न अख़बारों में छपी थी। फिर भी मुझे पता चल गया था। सुबह तकिया पर से सिर उठाना मुश्किल था। इनसे पूछो, अचानक मुझे लगा था कि कुछ होनेवाला है। उस दिन यह करीब-करीब खत्म ही हो चुका था। अनु, तुम जानती हो कि मैं सही कह रही हूँ।

[अनु कुछ देर शान्त खड़ी रहती है—काँप जाती है। पीछे जाते हुए]

अनु : नहीं माँ, नहीं।

[ललित का प्रवेश। हाथ में सीढ़ी लिए है]

ललित : अरे, अनुराधा, क्या खबर है?

अनु : ललित! ठीक है। तुम कैसे हो?

ललित : बस, चल रहा है।

जमुना : ललित के हुकुम के बिना ग्रह-नक्षत्र निकलना ही भूल जाते।

ललित : तुम बहुत सुन्दर हो गई हो, अनुराधा। पहले से कहीं ज्यादा समझदार...

जमुना : ललित...तुम बीबी-बच्चों वाले होकर भी...

अनु : तुम्हारी दुकान कैसी चलती है ललित?

ललित : मजे में।...कल्याण कैसा है? सुना, उसने वकालत पास कर ली है।

अनु : हाँ, अब तो बाकायदा प्रैक्टिस शुरू कर दी है।

ललित : अच्छा! तुम्हारे बाबूजी?

अनु : ठीक हैं।

[अचानक]

मैं लीला से मिलने आऊँगी, कह देना।

ललित : *(सहानुभूति से)*

क्या जल्दी ही तुम्हारे पिताजी के पेरोल पर छूटने की उम्मीद है?

अनु : मुझे नहीं मालूम।

ललित : सच, मुझे तो बहुत ही खराब लगता है। यह भी कोई बात हुई...इतने बरसों तक जेल में सड़ने देना। मैं तो कहता हूँ या तो आदमी को फाँसी पर लटका दो या फिर साल छह महीने सज़ा भुगतने के बाद रिहा कर दो। फिर उनके जैसा भला आदमी...

प्रदीप : *(बीच में टोकते हुए)*

सीढ़ी पकड़वा लूँ ललित?

ललित : नहीं, ठीक है।

[जाते-जाते]

रात तक जन्मपत्री पूरी कर दूँगा, भाभीजी।... तुमसे फिर मुलाकात होगी अनुराधा।

[प्रस्थान]

अनु : क्या लोगों ने बाबूजी के बारे में बातें करना बन्द नहीं किया है?

प्रदीप : अब कोई उनकी बात नहीं करता।

जमुना : लोग सब भूल-भुला गए बेटी!

अनु : मुझे सच-सच बतलाइए। यदि मुहल्ले में अभी भी लोग उनके बारे में बातें करते हों तो मैं किसी से भेंट नहीं करना चाहूँगी।

प्रदीप : तुम बेकार चिन्ता मत करो।

अनु : क्या अभी भी लोग मुकदमे की चर्चा करते हैं?

जमुना : नहीं, अब तो मेरी बीवी के सिवा और कोई उसकी बात नहीं करता।

माँ : इसलिए कि तुम चौबीसों घंटा बच्चों के साथ पुलिस-पुलिस खेला करते हो। पास-पड़ोस के लोग जेल-जेल के सिवा और कुछ तुम्हारे मुँह से सुनते ही नहीं।

जमुना : दरअसल ऐसा हुआ कि जब मैं जेल से लौटा न, तो मुहल्ले के बच्चे मेरे पीछे पड़ गए। मुझसे जेल की बातें सुनने के लिए मुझे घेरे रहते थे। तो मैं क्या करता?

माँ : हाँ, क्या करते! लड़कों को तमगे ला-लाकर बाँटे, बैज दिए, अपनी बन्दूक निकालकर दिखाई। तुम तो बच्चों के साथ बच्चा बन जाते हो।

[जमना प्रसाद हँस पड़ते हैं]

अनु : *(आश्चर्य और खुशी से)*
आप लोग इस विषय पर ऐसे हँस भी लेते हैं... कितनी अच्छी बात है।

प्रदीप : तुमने क्या सोच रखा था कि हम लोग...

अनु : जब हम लोग यहाँ से गए थे तो सबकी जबान पर एक ही बात थी–हत्यारा! याद है, किस तरह

मिसेज़ शर्मा गली में खड़ी होकर चिल्लाया करती थीं? सब यहीं हैं?

माँ : सब यहीं हैं।

जमुना : तुम बिल्कुल चिन्ता मत करो। हत्यार-हत्यारा करनेवाले सब लोग हर रविवार को यहाँ जुटते हैं, ताश खेलते हैं और जीत में मेरे रुपए हँसी-खुशी ले जाते हैं।

माँ : तुम इसे भ्रम में क्यों रख रहे हो?

[अनु से]

बेटी, अभी भी लोग तुम्हारे बाबूजी की चर्चा करते हैं। इनकी बात और थी, ये तो छूट गए पर सीताराम तो अभी तक जेल काट रहे हैं। इसीलिए मैं नहीं चाहती थी कि तुम यहाँ आओ। सच पूछो तो मैंने प्रदीप से...

जमुना : मेरी बात सुनो। जैसा मैंने किया वैसा ही तुम भी करो तो सब ठीक हो जाएगा। जानती हो जेल से जब मैं छूटकर आया तो मैंने क्या किया? वहीं गली के मोड़ पर मोटर छोड़ दी और शान से सीना ताने घर की ओर बढ़ा। रास्ते-भर घरों की खिड़कियों और बरामदों में लोग मक्खियों की तरह लदे थे। सबकाए खबर थी कि मैं आ रहा हूँ...मैं, जिसने मिलिटरी को रद्दी सिलिंडर सप्लाई कर दिए थे, जिसके कारण 21 हवाई जहाज गिर गए, मैं, जो घूस देकर झूठ बोलकर बच निकला था। पर मैंने कोई परवाह थोड़े ही की। हाईकोर्ट का फैसला मेरी जेब में था। सिर ऊँचा किए

सबके सामने से चला आया। इसका नतीजा क्या हुआ, जानती हो—साल-भर के भीतर ही मेरा काम फिर से चल पड़ा, शहर में सबसे बड़ी दुकान मेरी हो गई और मैं इज्जतदार आदमी माना जाने लगा—पहले से भी ज़्यादा।

प्रदीप : यह तो सही है।

जमुना : इन लोगों का दिमाग दुरुस्त करने का यही तरीका होता है।

[अनु से]

तुम लोगों ने जो सबसे बड़ी भूल की वह यह कि तुम लोग यहाँ से चले गए। तुम लोगों ने सीताराम के लिए थोड़ी परेशानी खड़ी कर दी है। वह जब जेल से छूटकर आएगा तो उसे मुश्किल होगी। खैर, फिर भी मैं तो कहता हूँ कि छूटकर उसे सीधे इसी मुहल्ले में आना चाहिए।

माँ : अब वे लोग फिर यहाँ कैसे आ सकते हैं?

जमुना : इसके सिवा लोगों का मुँह बन्द करने का और कोई उपाय नहीं है। लोग उसके साथ हँसेंगे, बोलेंगे, ताश खेलेंगे, तभी लोगों की धारणा बदलेगी; तभी वे उसे हत्यारा समझना बन्द करेंगे। तुम जब उसे चिट्ठी लिखो तो यह सब लिख देना, समझीं।

अनु : *(आश्चर्य से)*

आपके मन में बाबूजी के लिए कोई दुर्भावना नहीं है?

जमुना : देखो अनु, मैं जबरदस्ती लोगों को सूली पर चढ़ाने

में विश्वास नहीं करता।

अनु : पर वे आपके पार्टनर थे। उन्होंने आपको कीचड़ में घसीटा।

जमुना : यह सही है कि जो कुछ हुआ उससे मैं खुश बिल्कुल नहीं हूँ, फिर भी क्षमा तो करना ही पड़ता है। नहीं?

अनु : *(माँ से)*
और आप?

जमुना : अगली बार जब तुम लिखो...

अनु : मैं उन्हें चिट्ठी नहीं लिखती।

जमुना : *(आश्चर्य से)*
अनु, तुम बार-बार...

अनु : *(आहत-सी)*
नहीं, मैंने उन्हें कभी कोई चिट्ठी नहीं लिखी, भैया ने भी नहीं।

[प्रदीप से]

बोलो, क्या तुम भी इसी तरह सोचते हो?

प्रदीप : इतने पायलटों की मौत के लिए वे जिम्मेदार हैं।

जमुना : प्रदीप, कैसी बात कर रहे हो?

माँ : क्या कोई ऐसे कहता है?

अनु : और कोई क्या कह सकता है? बाबूजी को जब पकड़कर ले गए थे, मैं बहुत रोई थी, हर मिलने के दिन उनसे मिलने जाती। इसी बीच शरद की खबर मिली। तब मुझे लगा कि इस तरह किसी पर रहम करना गलत है। पिता हों चाहे कोई और, सारी स्थिति पर केवल एक ही ढंग से सोचा

जा सकता है। जान-बूझकर उन्होंने रद्दी सिलिंडर सप्लाई किए। आप कैसे कह सकते हैं कि उन मरनेवालों में शरद नहीं था!

माँ : इसीका मुझे डर था। अनु, जब तक तुम यहाँ हो, इस बात को फिर जबान पर मत लाना, मैं कह देती हूँ।

अनु : मुझे बड़ा ताज्जुब हो रहा है। मैं तो समझती थी कि आप लोग उनसे बहुत नाराज होंगे।

माँ : तुम्हारे बाबूजी ने जो कुछ किया, उसका शरद से कोई सम्बन्ध नहीं है। कोई भी नहीं।

अनु : पर हमें क्या मालूम!

माँ : *(रोकने में असमर्थ)*
जब तक तुम यहाँ हो, फिर...

अनु : पर...

माँ : *(जमुना से)*
बस, बहुत हुआ। मेरा तो सिर दुख रहा है। मैं चाय बनाने जा रही हूँ। चलो, एक प्याला तुम भी ले लेना।

[सीढ़ी तक जाती है]

जमुना : *(अनु से)*
एक बात तुम...

माँ : (तेज़ी से)
वह मरा नहीं है, इसलिए उसके बारे में कोई भी तर्क करना बेकार है। चलो...

[प्रस्थान]

जमुना : *(गुस्से से)*
अभी आया।...अनु, देखो...

प्रदीप : हटाइए भी लालाजी।

जमुना : नहीं, वह ऐसा नहीं मानती। अनु...

प्रदीप : लालाजी, इस चर्चा से मैं ऊब गया हूँ, इसे खत्म कीजिए।

जमुना : क्या तुम चाहते हो कि वह हमेशा इसी तरह सोचती रहे? वे सिलिंडर पी-40 प्लेन के थे। तुम जानते हो कि शरद पी-40 प्लेन नहीं चलाता था।

प्रदीप : तो उन्हें कौन चलाता था, जानवर? दूसरों का मरना क्या कोई महत्त्व नहीं रखता?

जमुना : सीताराम ने बेवकूफी की, पर उसे हत्यारा तो न बनाओ। तुम्हें कुछ अक्ल है या नहीं। देखो तो बिचारी की हालत।

[अनु से]

जो कुछ हुआ मैं तुम्हें सब ठीक-ठीक बतलाता हूँ। ध्यान से सुनो, तुम दोनों। लड़ाई का ज़माना था, सिलिंडर की बुरी तरह माँग हो रही थी। दिन-भर टेलीफोन पर तगादे का ताँता और दरवाज़े पर लारियों का ताँता। माँग पूरी कर पाना मुश्किल हो रहा था। अब इसी में एक दिन कुछ सिलिंडर में हल्की-सी दरार आ गई, बहुत हल्की-सी। मैं कारखाने में था नहीं। सीताराम को डर लगा कि मैं यह सुनकर गुस्सा होऊँगा। फिर मिलिटरी के ट्रक भी माल ले जाने के लिए खड़े थे। उसने किसी तरह उन दरारों को भर दिया और माल

लदवा दिया। मैं मानता हूँ उसने गलती की, उसे ऐसा नहीं करना चाहिए था। मैं होता तो कहता–खराब हो गया तो क्या हुआ, जाने दो, पर खराब माल मत भेजो। पर उसमें इतनी हिम्मत कहाँ, वह एकदम छोटे दिल का आदमी है। और साथ ही एक बात और है, उसे यकीन था कि दरार भर देने से सिलिंडर बिल्कुल ठीक काम करेगा। उसने गलती की, पर इसी कारण हम उसे हत्यारा तो नहीं कह सकते।

अनु : अच्छा हो कि हम लोग यह सब भूल जाएँ।

जमुना : जिस रात शरद की खबर आई, वह मेरी बगलवाली कोठरी में था। वह आधी रात तक रोता रहा।

अनु : उन्हें पूरी रात रोना चाहिए था।

जमुना : *(गुस्से से)*

अनु, मेरी समझ में नहीं आता कि तुम...

प्रदीप : *(चीखकर)*

अब आप इसे बन्द करेंगे?

अनु : बेकार क्यों चीख रहे हो? लालाजी तो सबको सुखी देखना चाहते हैं।

जमुना : तुम ठीक कहती हो, अनु! मैं सबको सुखी देखना चाहता हूँ, मैं चाहता हूँ कि हमारे-तुम्हारे परिवार के बीच कोई गाँठ न रह जाए। अनु जैसी बहू अब इस घर में आ रही है तो सबकुछ ठीक-ठाक करके रखना पड़ेगा न, क्यों अनु? अच्छा मैं चलूँ, कमला चाय लिए बैठी होगी।

[प्रस्थान]

प्रदीप : लालाजी भी बड़े मज़े के आदमी हैं।

अनु : तुम्हीं एक ऐसे हो जो आज के ज़माने में भी अपने माँ-बाप को इतना चाहते हो।

प्रदीप : मैं जानता हूँ। वैसे आजकल यह फैशन में नहीं है, क्यों?

अनु : *(सहसा उदास होकर)*
नहीं...यह तो अच्छी बात है, बहुत अच्छी...यह जगह बड़ी सुहावनी है।

प्रदीप : तुम्हें यहाँ आने का अफ़सोस तो नहीं है?

अनु : नहीं, अफ़सोस तो नहीं है, पर मैं यहाँ रुकूँगी नहीं।

प्रदीप : क्यों?

अनु : पहला कारण यह कि माँ ने एक तरह से मुझे जाने का नोटिस दे ही दिया है।

प्रदीप : वह तो...

अनु : तुमने भी गौर नहीं किया न!...फिर तुम...तुम...

प्रदीप : मैं क्या?

अनु : जब से मैं आई हूँ तब से तुम भी कुछ बेचैन-से हो।

प्रदीप : असल में मैंने सोच रखा था कि धीरे-धीरे तुमसे सब बातें इत्मीनान से करूँगा। पर ये लोग तो माने बैठे हैं कि हम लोग सब तय कर चुके हैं।

अनु : मैं जानती थी। कम-से-कम माँ तो अवश्य ही ऐसा मानती होंगी।

प्रदीप : तुमने कैसे जाना?

अनु : उनकी दृष्टि से सोचो तो इसके सिवा मेरे यहाँ आने का क्या कारण हो सकता है?

प्रदीप : माने...तुम...तुम यह जानती हो कि मैंने तुम्हें क्यों बुलाया है?

अनु : जानती हूँ, इसीलिए तो आई हूँ।

प्रदीप : अनु, मैं तुम्हें प्यार करता हूँ...बहुत प्यार करता हूँ। मुझे कविता नहीं आती, मैं सीधे-सादे ढंग से ऐसे ही मन की बात कह सकता हूँ। तुम्हें अटपटा लग रहा है न? मैं भी नहीं चाहता था कि यहाँ तुमसे कुछ कहूँ। इच्छा थी कि कोई एकदम नई जगह होती और हम दोनों भी एक-दूसरे के लिए एकदम नए होते।...ये बातें यहाँ, इस घर में तुम्हें अच्छी नहीं लग रही हैं न?...मैं चाहता हूँ कि तुम मुझे स्वेच्छा से स्वीकार करो...मैं तुम पर कोई दबाव नहीं डालना चाहता।

अनु : मैं बहुत अरसे से तुम्हें स्वीकार किए हुए हूँ।

प्रदीप : तब...तब तुम उसे एकदम भूल चुकी हो?

अनु : उस रूप में उसकी बात सोचने से अब क्या लाभ?...करीब दो साल पहले एक लड़के से मेरी शादी की बातचीत पक्की हो चली थी।

प्रदीप : तब फिर तुमने की क्यों नहीं?

अनु : तभी तुमने पत्र लिखने जो शुरू कर दिए।...

[विराम]

प्रदीप : तुमको तभी आभास मिल गया था?

अनु : हाँ।

प्रदीप : तब पहले कहा क्यों नहीं?

अनु : मैं तुम्हारे कहने का इन्तज़ार कर रही थी। तुमने कितने दिनों तक कुछ लिखा ही नहीं...फिर जब लिखा भी तो ऐसा घुमा-फिराकर कि बस!

प्रदीप : अनु!

[उसका हाथ पकड़ता है]

अनु, मैं न जाने कब से तुम्हारा इन्तज़ार कर रहा था।

अनु : मैं तुम्हें कभी माफ नहीं करूँगी।...तुम इतने दिनों तक खामोश क्यों थे? मुझे लगता था कि क्या मैं ही तुम्हारे लिए पागल हो रही हूँ।

प्रदीप : अनु, अब हम लोग साथ रहेंगे। मैं तुम्हें दुनिया की हर खुशी दूँगा।

[उसे पास खींचता है पर पूरी तरह बाँहों में नहीं लेता]

अनु : क्या हुआ?...मुझे प्यार नहीं करोगे?

प्रदीप : कर तो रहा हूँ।

अनु : हाँ, पर शरद के बड़े भाई की तरह नहीं...तुम मुझे अपनी तरह प्यार करो...प्रदीप की तरह...अपनी अनु को...

[प्रदीप अलग हट जाता है]

क्या हुआ?

प्रदीप : चलो अनु, मोटर लेकर यहाँ से कहीं दूर चले चलें। मैं तुम्हारे साथ एकदम अकेला होना चाहता हूँ।

अनु : क्या बात है? तुम्हें माँ का डर है?

प्रदीप : नहीं।

अनु : तो फिर?...तुम्हारी चिट्ठियों से भी ऐसा लगता था जैसे कहीं कोई गाँठ है।

प्रदीप : तुम ठीक कहती हो, अनु! मैं सबकुछ के लिए लज्जित बोध करता रहा हूँ।

अनु : मुझे बतलाओ...

प्रदीप : क्या बतलाऊँ...कैसे बतलाऊँ...

अनु : तुम्हें बतलाना ही होगा।

प्रदीप : अनु, सबकुछ ऐसा उलझ गया है।...तुम जानती हो मैं एक बार लड़ाई पर विदेश गया था।

अनु : हाँ।

प्रदीप : वहाँ मैंने अपने साथियों को खो दिया।

अनु : कितनों को?

प्रदीप : सबको।...ऐसी बातों को भुला पाना आसान नहीं होता। हम सब साथ थे। एक बार बहुत बारिश हुई। मेरा एक साथी चुपके-से मेरी जेब में अपना सूखा मोजा डाल गया क्योंकि मेरा भीग गया था। ऐसी एक नहीं अनेक घटनाएँ होती थीं जो छोटी होती थीं पर इस बात का सबूत होती थीं कि हम केवल अपने लिए नहीं, वरन् एक-दूसरे के लिए जी रहे थे। देखते-देखते वे सब काल के गाल में चले गए। वे थोड़ा स्वार्थी होते तो आज यहाँ चैन की वंशी बजाते होते। समझ रही हो न?

अनु : हाँ, समझ रही हूँ।

प्रदीप : वहाँ इतना सबकुछ हुआ। वहाँ वालों के लिए जैसे कुछ हुआ ही न हो। उस बलिदान का कोई महत्त्व

ही न था। मैं भी आया, लालाजी के साथ काम में जुट गया, पर मुझे हमेशा लगता रहा कि मैं कहीं कुछ गलत कर रहा हूँ। यह सारा ऐशो-आराम, गाड़ी-मोटर, नौकर-चाकर, कारखाना मुझे काट खाते हैं। मुझे इनका भोग करने का क्या अधिकार है? यदि आदमी के लिए आदमी के दिल में जगह न हो, लड़ाई में नोच-खसोट करके ही यह सब पाया गया हो तो इसकी क्या कीमत है? यह लूट का माल है, इस पर निरीह लोगों के खून का धब्बा लगा है। मुझे ऐसी कोई भी चीज़ स्वीकार नहीं। तुम भी शायद इसमें शामिल थीं।

अनु : तुम अभी भी ऐसे ही सोचते हो?

प्रदीप : अब मैं तुम्हें पाना चाहता हूँ।

अनु : तुम्हें अब यह सोचना बन्द कर देना है—एकदम, समझे। यह सब वैभव तुम्हारा है...इसका भोग करने का अधिकार तुम्हें है...मैं भी इसमें शामिल हूँ। और पैसा, उसमें क्या बुराई है! लालाजी ने इतने जहाजों के लिए सिलिंडर बनाकर दिए, तुम्हें तो इसकी खुशी होनी चाहिए। आखिर जो इतना करे, उसे बदले में कुछ तो मिलना ही चाहिए।

प्रदीप : अनु...अनु...मैं तुम्हारे लिए बहुत-सा धन कमाऊँगा... मैं...

[भीतर से जमुना प्रसाद का "अनु, अनु" पुकारते हुए प्रवेश। दोनों हट जाते हैं]

जमुना : अनु, तुम्हारे भाई का फोन है, जल्दी जाओ।

अनु : भैया का? क्यों, कोई ख़ास बात?

जमुना : पता नहीं। कमला बात कर रही है। तुम जल्दी जाओ नहीं तो ट्रंककाल का बिल बढ़ता जाएगा।

अनु : *(जाते-जाते रुककर प्रदीप से)*
माँ से अभी कुछ कहना चाहिए या नहीं? मुझे तो डर लग रहा है।

प्रदीप : तुम उसकी बिल्कुल चिन्ता मत करो। रात में खाने के बाद मैं खुद बातें कर लूँगा।

जमुना : अरे, तुम दोनों क्या घुसपुस कर रहे हो? जाओ अनु...

[अनु का प्रस्थान]

प्रदीप : हम दोनों ने शादी करने का फैसला कर लिया है लालाजी...आपने कुछ कहा नहीं?

जमुना : ठीक है...ठीक है। मैं खुश हूँ।...कल्याण ने इलाहाबाद से फोन किया है।

प्रदीप : इलाहाबाद से?

जमुना : हाँ। अनु ने उसके इलाहाबाद में होने की बात तुम्हें बतलाई थी?

प्रदीप : नहीं तो। जहाँ तक मेरा अन्दाज़ है, उसे खुद भी पता नहीं होगा।

जमुना : प्रदीप, तुम अनु को अच्छी तरह जान गए हो?

प्रदीप : आप भी क्या सवाल पूछते हैं!

जमुना : मुझे ताज्जुब हो रहा है। इतने बरसों तक कल्याण अपने पिता से मिला तक न था। अचानक वह नैनी गया, अनु यहाँ आई।

प्रदीप : तो?

जमुना : मैं जानता हूँ, यह मेरा पागलपन है पर मन में बात आए बिना नहीं रहती। अनु के मन में मेरे प्रति कोई बुरा ख़याल तो नहीं है?

प्रदीप : न जाने आप क्या कहे जा रहे हैं।

जमुना : कोर्ट में अन्तिम दिन तक सीताराम मुझे ही दोषी बतलाता रहा। अनु उसी की बेटी है। कहीं इसे कुछ पता लगाने के लिए तो नहीं भेजा गया है!

प्रदीप : *(गुस्से से)*
क्यों? पता लगाने को है ही क्या?

अनु : *(भीतर फोन पर)*
पर तुम इतने गरम क्यों हो रहे हो? आखिर हुआ क्या?

जमुना : नहीं, मेरे कहने का मतलब कि कहीं मुझे परेशान करने के लिए ही वे फिर से तो मुकदमा नहीं चालू करना चाहते?

प्रदीप : लालाजी, आप ऐसा कैसे सोच सकते हैं?

अन : पर उन्होंने तुमसे कहा क्या, सो तो बतलाओ।

जमुना : नहीं, ऐसा नहीं हो सकता, नहीं हो सकता।

प्रदीप : आप तो मुझे चक्कर में डाले दे रहे हैं।

जमुना : खैर छोड़ो।

[बड़ी शक्ति से]

मैं तुम्हारे लिए सबकुछ नए सिरे से शुरू करना चाहता हूँ। मैं फर्म का नाम प्रदीपकुमार प्राइवेट लिमिटेड कर देना चाहता हूँ।

प्रदीप : जमुनाप्रसाद प्राइवेट लिमिटेड ही ठीक है।

जमुना : मैं तुम्हारे लिए एक नया बंगला बनवा देना चाहता हूँ—शानदार, बड़ा-सा। मैं चाहता हूँ, तुम खूब उन्नति करो, काम-काज बढ़ाओ। मैंने जो कुछ कमाया है, उसका तुम भोग करो...गर्व से भोग करो...किसी भी तरह की लज्जा का अनुभव न करो।

प्रदीप : हाँ, लालाजी।

जमुना : तुम अपनी ज़बान से कहो।

प्रदीप : क्यों?

जमुना : बहुत बार मुझे लगता है कि तुम धन-दौलत के कारण शर्मिन्दा रहते हो।

प्रदीप : नहीं, ऐसा मत सोचिए।

जमुना : मेरे धन-दौलत में कोई बुराई नहीं है प्रदीप...

प्रदीप : *(ज़रा डरा हुआ-सा)*
आप यह सब क्यों कह रहे हैं?

जमुना : बेटा, तुम फ़िक्र मत करो। तुम्हारी खातिर मैं कमला को राज़ी कर लूँगा। आज रात ही हम लोग इस बारे में फैसला कर लेंगे।...बहुत शानदार शादी होगी, शहनाई बजेगी, दावतें होंगी...

अनु : *(भीतर से फोन पर)*
तुम्हारे सिर पर जब भूत सवार होता है तो किसी की सुनते थोड़े ही हो?

[माँ का प्रवेश]

आखिर उन्होंने ऐसा क्या कहा?

[विराम]

ठीक है, तो आ जाओ...

[विराम]

हाँ, हाँ, सब हैं और सब रहेंगे, कोई भाग नहीं जाएगा।...हाँ-हाँ, ठीक है।

[अनु का प्रवेश]

प्रदीप : क्या बात है अनु?

जमुना : कल्याण यहाँ आ रहा है?

अनु : हाँ, सात बजे की गाड़ी से पहुँच रहे हैं। मैंने सीधे यहीं आने को कह दिया है।

जमुना : अच्छा किया। सीताराम बीमार है क्या?

अनु : नहीं, बीमारी की कोई बात तो भैया ने नहीं की। पता नहीं...कोई खुराफात उनके दिमाग में आई होगी...कोई बेवकूफी की बात...आप तो उन्हें जानते ही हैं।...

[प्रदीप से]

चलो, हम लोग थोड़ी देर कहीं घूम आएँ।

जमुना : हाँ-हाँ, जाओ, तुम दोनों टहल आओ।

प्रदीप : हम लोग थोड़ी देर में आ जाएँगे माँ।

[दोनों का प्रस्थान। माँ जमुना प्रसाद की ओर एकटक देखती हुई आगे आती है।]

जमुना : कल्याण क्या कह रहा था?

माँ : वह कल से सीताराम के पास नैनी में है। वह

तुरन्त अनु से मिलना चाहता है।

जमुना : क्यों?

माँ : मुझे क्या पता!

[चेतावनी के स्वर में]

वह अब एक वकील है। इतने बरसों उसने एक पोस्टकार्ड तक नहीं डाला।

जमुना : तो क्या हुआ?

माँ : अचानक वह हवाई जहाज़ से बम्बई से इलाहाबाद आता है।

जमुना : तो?

माँ : क्यों?

जमुना : लोगों के मन की बातें मैं क्या जानूँ! तुम जानती हो?

माँ : क्यों? सीताराम को उससे ऐसा क्या कहना था कि वह हवाई जहाज़ से दौड़ा-दौड़ा आया?

जमुना : वह कुछ भी कहे। मुझे रत्ती-भर परवाह नहीं है।

माँ : तुम ठीक कह रहे हो?

जमुना : हाँ, एकदम ठीक।

माँ : कल्याण आ रहा है। अब तुम खूब सावधान रहना...खूब...

जमुना : कमला! मैंने तुमसे कहा न कि मुझे रत्ती-भर परवाह नहीं है। मैं एकदम ठीक कह रहा हूँ।

माँ : *(धीरे-धीरे सिर हिलाते हुए)*

ठीक है...बहुत सावधान रहना...समझे...

[जमुना प्रसाद गुस्से से उसकी ओर कुछ

देर देखता रहता है; फिर झटके से बरामदे में जाता है। अपने पीछे दरवाज़ा ज़ोर से बन्द करता है। माँ कुर्सी में बैठी उसे देखती रहती है—एकटक।]

[पर्दा]

द्वितीय अंक

[पर्दा खुलने पर प्रदीप पेड़ का तना काट रहा था। उसके कटे टुकड़े को उठाकर बाहर ले जाता है। वह पैंट व गंजी पहने है। माँ का प्रवेश। हाथ में शरबत की ट्रे है। प्रदीप को देखती रहती है। उसके लौटने पर–]

माँ : पेड़ काटने के लिए इतना अच्छा पैंट पहनने की क्या ज़रूरत थी?...पेड़ कट जाने से कितनी रोशनी हो गई।

प्रदीप : आप तैयार क्यों नहीं होतीं माँ?

माँ : ऊपर तो दम घुटता है। मैंने बेल का शरबत बनाया है, कल्याण को बहुत पसन्द है। तुम्हें दूँ?

प्रदीप : अच्छा, अब आप जल्दी से कपड़े बदल लीजिए। लालाजी अभी तक सो रहे हैं?

माँ : वे परेशान हैं और जब परेशान होते हैं तो सो जाते हैं।

[प्रदीप की ओर एकटक देखते हुए]

हम लोगों का मुँह बन्द है प्रदीप...मैं और लालाजी बेवकूफ हैं, हम कुछ भी नहीं समझते। तुम्हें हमारी रक्षा करनी होगी।

प्रदीप : आपको किस बात का डर लग रहा है, हाँ?

माँ : कोर्ट में अन्तिम दिन तक सीताराम सारा दोष इन्हीं के ऊपर डालता रहा। यदि उन लोगों ने फिर से यह बात उठाई तो मुझसे नहीं रहा जाएगा।

प्रदीप : कल्याण तो बेवकूफ है। आप उसकी किसी बात को इतना महत्त्व क्यों दे रही हैं?

माँ : उनका सारा परिवार हमसे घृणा करता है। हो सकता है अनु भी...

प्रदीप : माँ!

माँ : घृणा बड़ी बुरी चीज़ होती है बेटा...लोग घृणा के मारे क्या नहीं कर डालते?

प्रदीप : पर आप यह सब फालतू बातें सोच ही क्यों रही हैं? आप बिल्कुल चिन्ता मत कीजिए। मैं सब सँभाल लूँगा।

माँ : कल्याण के साथ अनु को बिदा कर देना।

प्रदीप : कहा न, आप परेशान मत होइए। मैं सब देख लूँगा।

[अनु का प्रवेश]

प्रदीप : तुम तैयार हो गईं? गुड!

अनु : अब आपकी तबियत कुछ ठीक हुई?

माँ : क्या फ़र्क पड़ता है बेटी! हम लोग जितने ही बीमार होते हैं, उतना ही अधिक जीते हैं।

[प्रस्थान]

प्रदीप : तुम सुन्दर लग रही हो।

अनु : माँ से कह दो न! मुझसे यह चोरी नहीं सही जाती। पेट में न जाने कैसा-कैसा होने लगता है।

प्रदीप : उतावली मत हो, रात में कहूँगा। अच्छा मैं भी झट से कमीज़ पहन आऊँ।

[प्रस्थान। अनु ज़रा देर इधर-उधर घूमती रहती है। फ़िर आकर हलके से कटे पेड़ को छूती है। शान्ति का प्रवेश]

शान्ति : डॉक्टर साहब हैं क्या?...ओ...तुम हो!

अनु : आइए-आइए। मैं तो यों ही...

शान्ति : डॉक्टर साहब इधर आए हैं क्या?

अनु : वे स्टेशन तक भैया को लेने गए हैं। और कोई तैयार नहीं था सो वे ही चले गए।

शान्ति : मैंने बाजार चलने को कहा तो बोले–बड़ी गर्मी है। अब स्टेशन जाने को झट तैयार हो गए। ये मर्द भी! घर का काम करते जान निकलती है, दूसरों का करने को चारों हाथ-पैर से तैयार।

अनु : इस घर का काम करने को तो सभी हमेशा से तैयार रहे हैं।

शान्ति : तुम्हारे भाई ब्याह पक्का करने आ रहे हैं?

अनु : पता नहीं। शायद!

शान्ति : भाई, तुम हो किस्मतवर। अच्छा-खासा रोमांटिक काम करने जा रही हो। अपने मंगेतर के बड़े भाई से ब्याह।

अनु : असल में प्रदीप की मैं हमेशा से इज्जत करती रही हूँ। जब कभी भी मैंने किसी बारे में सत्य जानना चांहा है, मैंने हमेशा प्रदीप का सहारा लिया है, क्योंकि वे जो भी कहते हैं, उसमें सच्चाई होती है। मुझे बड़ी राहत मिलती है।

शान्ति : हाँ, और फिर पैसेवाले भी हैं।

अनु : उससे क्या फर्क पड़ता है?

शान्ति : बहुत पड़ता है।...और अनु, मैं तुमसे एक अनुरोध करना चाह रही थी। तुम जब अपनी घर-गृहस्थी बसाओ तो यहाँ से कहीं दूर मकान लेना।

अनु : क्यों?

शान्ति : क्योंकि प्रदीप के संग-साथ से डॉक्टर साहब बहुत बेचैन हो जाते हैं।

अनु : सो कैसे?

शान्ति : डॉक्टर साहब की प्रैक्टिस अच्छी चलती है, पर प्रदीप हर समय इन्हें सिखाया करता है कि तुम्हें रिसर्च करनी चाहिए; और ऊपर उठना चाहिए। अब भला पूछो कि ये प्रैक्टिस छोड़कर रिसर्च करने लगेंगे तो रोटी कैसे चलेगी? इन्हें तो बस भूत सवार होना चाहिए।

अनु : पर रिसर्च करना तो अच्छी बात है?

शान्ति : हाँ, बड़ी अच्छी बात है तो प्रदीप खुद कोई ऐसा अच्छा काम क्यों नहीं करता? दूसरों को नसीहत देता फिरता है। खुद तो बाप के कारखाने में काम करता है...उस कमाई के रुपए खाता है।

अनु : आप कहना क्या चाहती हैं?

शान्ति : तुम तो ऐसी बन रही हो जैसे कुछ जानती ही न

हो। सारा मुहल्ला असलियत को जानता है। कैसे-कैसे क्या-क्या हुआ, किसी से छिपा है क्या?

अनु : तो फिर लोग, यहाँ आते क्यों हैं? ताश खेलते हैं, चाय-नाश्ता करते हैं...

शान्ति : वह तो इसलिए कि सब लालाजी की होशियारी की दाद देते हैं।...वैसे मुझे कोई शिकायत नहीं है, किसी से भी नहीं, पर हाँ, प्रदीप दूसरों को नसीहत देने से पहले खुद अपने गरेबान में मुँह डालकर देखे तो ज्यादा अच्छा हो। ऐसी आदर्शवादिता मेरे गले के नीचे नहीं उतरती...।

[प्रदीप का प्रवेश]

आओ, प्रदीप भैया, कैसे हो? भाभीजी की तबियत अब कैसी है?

प्रदीप : सिर-दर्द अभी भी बना हुआ है।

शान्ति : मैं देखती हूँ, तुम चिन्ता मत करो।

[जाने लगती है]

हाँ, उन्हें तुम लोगों के बारे में मालूम है या नहीं?

प्रदीप : उन्हें कुछ आभास तो ज़रूर है। तुम जानती ही हो कि वे कितनी जल्दी असलियत सूँघ लेती हैं।

शान्ति : कोई बात नहीं, सब ठीक हो जाएगा।

[अनु से]

तुम्हें वे ज़रूर पसन्द करेंगी। तुम उसका नारी-प्रतिरूप हो न?

[हँसते हुए प्रस्थान]

प्रदीप : शान्ति भाभी भी खूब हैं। बड़ी अच्छी नर्स मानी जाती हैं।

अनु : तुम्हें कैसे मालूम? तुम तो हर किसी की तारीफ के पुल बाँध देते हो।

प्रदीप : मैं सही कह रहा हूँ। हम लोगों को बहुत मानती हैं—खासकर मुझे।

अनु : वह तुमसे घृणा करती हैं।

प्रदीप : अनु!

अनु : और तुम मुझसे झूठ क्यों बोले? तुमने यह बात क्यों छिपाई कि लोग अभी भी मुकदमे के बारे में चर्चा करते हैं? जानते हो, ये लोग लालाजी को दोषी मानते हैं?

प्रदीप : उससे क्या बनता-बिगड़ता है! बहुत-से लोग ऐसा ही मानते हैं।...तुम्हें यह बात परेशान कर रही है?

अनु : नहीं। ऐसा तो मैंने नहीं कहा।

प्रदीप : तुम क्या समझती हो कि उन्होंने यदि कुछ गड़बड़ किया होता तो मैं उन्हें माफ़ करता?

अनु : प्रदीप, मैंने इसीलिए बाबूजी की ओर से मुँह मोड़ लिया था। अब यदि यहाँ भी कुछ ऐसा ही हुआ तो...

प्रदीप : तुम यकीन मानों, लालाजी निर्दोष हैं। भूल से एक बार वे दोषी मान लिए गए थे, पर अब वह सब खत्म हो चुका है। तुम ऐसी स्थिति में हो तो क्या करोगी, बोलो?

अनु : भैया बाबूजी के यहाँ से आ रहे हैं। ज़रूर कुछ

गड़बड़ है।

प्रदीप : तुम कोई चिन्ता मत करो।

[जमुनाप्रसाद का प्रवेश]

जमुना : अरे! तुम लोग तैयार भी हो गए? कितना बजा?

प्रदीप : हम लोग कब से आपके उठने का इन्तज़ार कर रहे हैं। अब आप भी झट से शेव करके तैयार हो जाइए।

जमुना : शेव करने की ज़रूरत है क्या?...वैसे आज तो करना ही चाहिए।...क्यों अनु, कैसा लग रहा है?

[अनु शरमा जाती है]

हाँ-हाँ-हाँ, शरमाओ मत, शरमाओ मत। आजकल इसका फैशन नहीं रहा। अब जमाना बहुत बदल गया है। देखो न, पहले कोई पढ़ता-लिखता ही नहीं था, पर अब तो गली-गली ग्रेजुएट मारे-मारे फिरते हैं। मेरे कारखाने में उन्हीं की भरमार है। किसी से कुछ कहते डर लगता है, न जाने किसकी किस बात में हेठी हो जाए।...अनु, मैं उसी की बात सोच रहा था। आखिर वह बम्बई में क्यों परेशान हो रहा है! यहाँ आ जाए, मेरी इतनी जान-पहचान है, जल्दी ही प्रैक्टिस चमक जाएगी।

अनु : लालाजी, आप इतने भले हैं...

जमुना : नहीं-नहीं, ऐसी बात मत करो। मैं चाहता हूँ कि तुम लोग मुझे समझो। मैं प्रदीप की बात सोचता हूँ, तुम दोनों की बात सोचता हूँ। देखो, मैं तो

पढ़ा-लिखा हूँ नहीं, मैंने ज़िन्दगी में यदि कुछ पाया है तो इस बेटे को, यही मेरी उपलब्धि है। अब साल-दो-साल बाद सीताराम जेल से छूटकर तुम दोनों के पास ही तो आएगा? अपने बच्चों के ही पास तो?...मैं नहीं चाहता कि उसके कारण मेरे और प्रदीप के बीच कोई दीवार खड़ी हो।

अनु : वैसा कुछ भी नहीं होगा, लालाजी।

जमुना : बेटी, अभी तुम बच्ची हो। मैंने दुनिया देखी है। बेटी बेटी ही होती है, बाप बाप ही। मैं तो कहता हूँ कि सीताराम से जेल में जाकर मिलो और उससे कहो कि मैं उसे फिर से अपने कारखाने में लेना चाहता हूँ।

अनु : आप उन्हें पार्टनर बनाएँगे?

जमुना : नहीं, पार्टनर तो नहीं, पर हाँ, अच्छी-सी नौकरी दे दूँगा।...मैं चाहता हूँ कि वहाँ रहते ही उसे पता चल जाए कि जेल से छूटने पर उसके लिए कोई ठौर-ठिकाना निश्चित है। इससे उसे बड़ी राहत मिलेगी। उसकी कड़ुवाहट भी कम हो जाएगी।

अनु : लालाजी, आपके लिए, बाबूजी की खातिर, कुछ करना ज़रूरी तो नहीं है?

जमुना : ज़रूरी तो है उसे दुतकारना, पर मैं वैसा नहीं कर सकता, तुम्हारी खातिर। वह तुम्हारा बाप है।

प्रदीप : तो आप उन्हें दुतकारिए ही, गले मत लगाइए। मैं नहीं चाहता कि उनका कारखाने से कुछ भी लेन-देन हो। और आप ऐसी बातें कहा भी

मत कीजिए। लोग आपको गलत समझ सकते हैं।

जमुना : पर आखिर अनु उसके साथ ऐसी ज्यादती क्यों करती है?

प्रदीप : इससे हमें-आपको क्या? पिता उसके हैं, यदि वह उनके बारे में ऐसा ही सोचती है...

जमुना : *(अचानक फूट पड़ता है)*
बाप बाप होता है, समझे...

[इस तरह चिल्ला उठने के कारण ख़ुद ही शर्मिन्दा होकर जाने लगता है। अनु से]

माफ करना...मैं तुम पर गरम नहीं होना चाहता था।...चलूँ, मैं शेव करके तैयार हो जाऊँ।

[जाने लगता है—बरामदे तक पहुँचता है। बाहर की ओर से डॉक्टर का प्रवेश। वह इशारे से प्रदीप को अपने पास बुलाता है। अनु भी पास आ जाती है।]

प्रदीप : क्या हुआ? कल्याण कहाँ है?

डॉक्टर : बाहर गाड़ी में है। मेरी सलाह मानों, उसे यहाँ मत बुलाओ।

अनु : क्यों?

डॉक्टर : भाभीजी की तबियत ठीक नहीं है। उनके सामने यह सब कांड ठीक न होगा।

अनु : क्या कांड?

डॉक्टर : देखो, अनजान मत बनो। वह क्यों आ रहा है, तुम जानती हो। उसकी आँखों में खून उतर आया

है। उसे गाड़ी में लेकर दूर चले जाओ, वहीं बातें कर लो।

[अनु बाहर जाने लगती है। अचानक जमुनाप्रसाद पर नज़र पड़ती है। रुक जाती है। जमुनाप्रसाद भीतर जाते हैं।]

प्रदीप : तुम क्या कहे जा रहे हो?

डॉक्टर : वह अनु को लिवा ले जाने के लिए आया है। तुम उससे सब बातों का खुलासा कर लो।

अनु : भैया के साथ मैं बातें करूँगी।

प्रदीप : *(पास आते हुए)*
नहीं।

डॉक्टर : तुम यह बेवकूफी बन्द करोगे?

प्रदीप : हममें से किसी को भी उसका डर नहीं है।

[प्रदीप बाहर की ओर बढ़ता है। कल्याण का प्रवेश। प्रदीप का समवयसी, पर रंग थोड़ा पीलेपन की ओर। अपने को वह जबरन रोके हुए है। वह धीरे-धीरे बोलता है, जैसे खुद ही चीख पड़ने का उसे डर हो। एक पल का संकोच, फिर प्रदीप आगे बढ़ता है।]

प्रदीप : आओ, आओ कल्याण! तुम बाहर ही क्यों रह गए?

कल्याण : डॉक्टर ने कहा कि तुम्हारी माँ की तबियत ठीक नहीं है...

प्रदीप : तो उससे क्या हुआ? वे कब से तुम्हारा इन्तज़ार

कर रही हैं; उनसे मिलोगे नहीं?

[कन्धे पर हाथ रखता है, कल्याण हटा देता है।]

अनु : कितनी गन्दी कमीज़ पहन रखी है! दूसरी साथ है या नहीं?

[भीतर का दरवाज़ा खुलता है। शान्ति का प्रवेश। कल्याण उसे कमला की आया समझकर पीछे मुड़ जाता है।]

प्रदीप : ये डॉक्टर साहब की पत्नी!...कल्याण, सुना नहीं, इनसे मिलो, मिसेज़ डॉक्टर।

कल्याण : नमस्ते! आप ही लोग हमारे मकान में रहते हैं न?

शान्ति : हाँ! जाने से पहले एक बार उधर ज़रूर आइएगा। हम लोगों ने मकान में क्या-क्या रद्दोबदल किए हैं, सो देखिएगा।

कल्याण : मुझे पहले-जैसा ही पसन्द था।

शान्ति : कल्याण बाबू बात एकदम खरी करते हैं।

डॉक्टर : अच्छा, अच्छा, तुम उधर चलो। जल्दी से एक प्याला चाय पिलाओ।...हम लोग फिर मिलेंगे...

[दोनों का प्रस्थान]

प्रदीप : बेल का शरबत पियोगे? माँ ने तुम्हारे लिए बनाया है।

कल्याण : उन्हें अभी तक याद है!

प्रदीप : न जाने कितना शरबत तुमने इस घर में पिया है।...बैठो।

कल्याण : *(घूमता रहता है)*
सबकुछ कितना अटपटा लगता है। मैं यहाँ फिर लौटा आया हूँ।

प्रदीप : तुम कुछ नरवस लग रहे हो?

कल्याण : नहीं, खास कुछ नहीं।...तुम अब बहुत बड़े आदमी हो गए हो?

प्रदीप : नहीं, वैसी तो कोई बात नहीं है। तुम्हारी क्या खबर है? वकालत कैसी चल रही है?

कल्याण : पता नहीं। जब पढ़ता था, तब लगता था कानून ही सबकुछ है—अब लगता है, वह कुछ भी नहीं है।...पेड़ घने हो गए हैं। अरे, यह क्या?

प्रदीप : रात तूफान में गिर गया। इसे हम लोगों ने शरद की याद में लगाया था।

कल्याण : क्यों, उसे भूल जाने का डर था?

प्रदीप : *(गुस्से में)*
इस व्यंग्य का क्या मतलब?

अनु : *(प्रदीप को राकते हुए कल्याण से)*
यह कोट कहाँ से आया?

कल्याण : बाबूजी का है। उन्होंने दिया है। अब से बराबर पहना करूँगा।

अनु : वे कैसे हैं?

कल्याण : पहले से छोटे हो गए हैं।

अनु : छोटे!

कल्याण : हाँ, छोटे।...वे अब एक अदना इंसान हैं। दूध-पीतों के साथ ऐसा ही होता है। अच्छा हुआ मैं आज उनसे मिल आया। कौन जाने साल-दो-साल भी वे और चलें, न चलें।

प्रदीप : क्या बात है कल्याण? कोई खास परेशानी?

कल्याण : परेशानी? यही कि एक बार किसी को दूध-पीता बच्चा बनाना चाहो तो बना लो, पर दुबारा वही नहीं करना चाहिए।

प्रदीप : क्या मतलब?

कल्याण : *(अनु से)*
तुमने अभी शादी की नहीं है न?

अनु : भैया, तुम पहले शान्ति से बैठो, फिर...

कल्याण : तुमने शादी कर ली है या नहीं?

अनु : नहीं।

कल्याण : तुम इससे शादी नहीं कर रही हो।

अनु : क्यों?

कल्याण : इसलिए कि इसके पिता ने हमारे सुखी परिवार को बर्बाद किया है।

प्रदीप : कल्याण, तुम...

कल्याण : प्रदीप, हमारे बहस करने से कोई लाभ नहीं है। तुम इसे मेरे साथ घर लौट चलने को कह दो।

प्रदीप : क्यों? तुम्हारे कह देने-भर से ही सबकुछ हो जाएगा?

कल्याण : *(ज़ोर से)*
हाँ।

प्रदीप : तुम्हारा दिमाग खराब हो गया है। इस बदतमीजी से बात करने का कोई मतलब है?

कल्याण : तुम मुझे तमीज मत सिखाओ।

अनु : ओहो!

[कल्याण को जबरदस्ती बैठाते हुए]

तुम बैठो तो। हुआ क्या है, कुछ बतलाओगे भी या...? जब मैं बम्बई से चली थी, तब तो कुछ भी नहीं हुआ था। अब तुम...

कल्याण : तब से सबकुछ उलट-पुलट गया है अनु! तुम्हारे चले आने के बाद मुझे किसी तरह चैन नहीं मिला। मुझे लगा कि बाबूजी को तुम्हारे विवाह के बारे में ज़रूर बतला देना चाहिए। पर उनसे कहना कितना मुश्किल था। वे तुम्हें इतना प्यार करते हैं...

[विराम]

अनु, हम लोगों ने बहुत बड़ा अपराध किया है। इतने बरसों तक बाबूजी की कोई खोज-खबर नहीं ली। तुम नहीं जानतीं, उनके साथ क्या-क्या किया गया है, उन्होंने कितना-कुछ भोगा है।

अनु : *(डरी-सी)*

मैं जानती हूँ।

कल्याण : नहीं, तुम नहीं जानतीं। यदि जानतीं तो यहाँ न होतीं।...उसी दिन का किस्सा...बाबूजी ने खुद सुनाया। उन्होंने बार-बार टेलीफोन से जमुनाप्रसादजी को कारखाने बुलाया—'सिलिंडर में दरार पड़ गई है, खुद देख लो, समझ लो, तब माल सप्लाई किया जाए।' पर सुबह से शाम हो गई, उनके दर्शन नहीं हुए। शाम को टेलीफोन से ही कहा कि किसी भी तरह दरार भरकर माल लदवा दो।

प्रदीप : तुम्हारी बात पूरी हो गई?

कल्याण : नहीं।

[अनु से]

और वे आए क्यों नहीं, क्योंकि अचानक उन्हें न्यूमोनिया हो गया था, अचानक! उन्होंने पूरी जिम्मेदारी अपने ऊपर ली थी, पर टेलीफोन पर ही। और टेलीफोन पर हुई बात को मुकर जाना कितना आसान होता है! वही किया गया।...अब बोलो, अब तुम क्या करोगी? इसका दिया खाओगी? इसकी बीवी बनोगी? बोलो, अब तुम क्या करोगी?

प्रदीप : कल्याण! मेरे ही घर में तुम इस तरह की बातें किए जा रहे हो?

अनु : भैया, कोर्ट में...

कल्याण : कोर्ट तुम्हारे पिताजी को नहीं जानती थी, पर तुम जानती हो। तुम यह अच्छी तरह जानती हो कि यह सब जमुनाप्रसादजी ने किया है।

प्रदीप : धीरे बोलो नहीं तो मैं तुम्हें उठाकर फेंक दूँगा। अनु, इसे बाहर जाने को कहो। बाहर भेज दो।

अनु : भैया, मैं सबकुछ जानती हूँ। बाबूजी कोर्ट में यह सब कह चुके हैं। और तुम अच्छी तरह जानते हो कि किस तरह वे अपनी बात से पलट जाया करते थे।

कल्याण : *(प्रदीप से)* मैं तुमसे कुछ पूछना चाहता हूँ, मेरी आँखों में देखकर जवाब देना। तुम अपने पिताजी को जानते हो?

प्रदीप : हाँ, बहुत अच्छी तरह।

कल्याण : क्या वे ऐसे मालिक हैं कि उनकी जानकारी के

बिना उनके कारखाने से 121 दागी सिलिंडर चले जाएँ और उन्हें खबर तक न हो?

प्रदीप : हाँ, वे ऐसे ही मालिक हैं।

कल्याण : और ये वही जमुनाप्रसाद हैं जो खुद दुकान छोड़ने से पहले यह चेक करते हैं कि हर लाइट बुझा दी गई है या नहीं?

प्रदीप : हाँ, वही जमुनाप्रसाद हैं।

कल्याण : वही जिन्हें यहाँ तक मालूम होता है कि एक दिन में किस मजदूर ने कितने मिनिट बीड़ी पीने में लगाए हैं?

प्रदीप : हाँ, वही आदमी।

कल्याण : और मेरे बाबूजी–जो कभी एक कमीज तक बिना किसी की राय के नहीं खरीदते, वे इतना बड़ा काम केवल अपनी जिम्मेदारी पर कर सके?

प्रदीप : हाँ, अपनी जिम्मेदारी पर, और चूँकि वे बुज़दिल हैं, इसीलिए उस जिम्मेदारी को निभाने का मौका आया तो उन्होंने आसानी से सारा दोष किसी और के सिर डाल दिया।

कल्याण : ओह प्रदीप! तुम जानते हो तुम झूठ बोल रहे हो।

अनु : भैया, इस तरह बातें मत करो।

प्रदीप : कल्याण, मुझे बतलाओ तो क्या बात है! अब तक तो तुम कोर्ट के फैसले पर यकीन करते रहे हो। आज अचानक क्या हो गया?

कल्याण : *(जरा रुककर)*

आज मेरे विश्वास को गहरी चोट पहुँची है। आज तक कोर्ट के फैसले पर इसलिए मैं यकीन करता रहा क्योंकि तुम करते थे। मैं सच कह रहा हूँ,

पर आज मैंने बाबूजी की जबानी सबकुछ सुना। वह सच्चाई कुछ और ही है। उनके मुँह से जो भी सुनेगा, वह यकीन करेगा। तुम्हारे पिताजी ने हमारा सब कुछ छीन लिया, पर वे इसे नहीं छीन सकते।

[अनु से]

तुम अपना सामान ले आओ। इस घर की हर चीज़ खून से रँगी है। तुम्हारे जैसी लड़की यहाँ नहीं रह सकती।

प्रदीप : अनु, क्या तुम्हें इसकी बात पर यकीन है?

अनु : *(उसके पास जाते हुए)*
यह सब सच नहीं है न?

कल्याण : वह तुमसे क्या कह सकता है? जमुनाप्रसाद उसके पिता हैं।

[प्रदीप से]

क्या ये बातें तुम्हारे ख़याल में नहीं आईं?

प्रदीप : ख़याल में तो बहुतेरी बातें आया करती हैं...

कल्याण : प्रदीप जानता है। अनु, यह जानता है।...अच्छा, बिजनेस में तुम्हारा नाम क्यों नहीं है?

प्रदीप : मुझे उसकी ज़रूरत ही नहीं है।

कल्याण : तुम किसे फुसला रहे हो? उनके बाद तुम्हीं तो मालिक होगे।

[अनु से]

आँखें खोलो अनु! समझने की कोशिश करो।

जिस तरह ये बाप-बेटे एक-दूसरे को प्यार करते हैं उसमें क्या यह स्वाभाविक नहीं था कि फर्म का नाम 'जमुनाप्रसाद प्रदीपकुमार' होता?

[विराम। प्रदीप से]

क्या तुम इस मामले को हल करना चाहते हो?

प्रदीप : क्या मतलब?

कल्याण : मुझे अपने पिताजी से बातें करने दो। दस मिनट में तुम्हें सही उत्तर मिल जाएगा।

प्रदीप : सही उत्तर मुझे मालूम है। माँ की तबियत ठीक नहीं है और मैं नहीं चाहता कि तुम यहाँ झंझट खड़ा करो।

कल्याण : झंझट नहीं। मुझे एक बार उनसे बातें करने दो।

[किसी के आने की आहट मिलती है]

अनु : कोई आ रहा है।

प्रदीप : *(कल्याण से)*
अब तुम कुछ भी नहीं कहोगे।

अनु : तुम अभी ही लौटोगे न? मैं तुम्हारे लिए टैक्सी मँगवा दूँ।

कल्याण : तुम मेरे साथ चल रही हो।

अनु : माँ से शादी की चर्चा मत करना। उन्हें अभी कुछ नहीं मालूम है।

[माँ का प्रवेश]

माँ : कल्याण! कल्याण!

कल्याण : नमस्ते!

माँ : *(उसके चेहरे को दोनों हाथों में लेकर)* हाय, अभी से तुम्हारे बाल सफ़ेद हो गए? मैंने तुमसे कितना कहा था कि जबरदस्ती अपनी जान मत खपाना।

[अनु से]

हूँ! तुम तो कह रही थीं कि कल्याण एकदम ठीक है। यही ठीक रहने की सूरत है?

कल्याण : मैं एकदम ठीक हूँ।

माँ : मुझसे तो तुम्हारी ओर देखा नहीं जा रहा है। क्या तुम्हारी माँ तुम्हें ठीक से खाने को भी नहीं देतीं?

अनु : इन्हें भूख ही नहीं लगती।

माँ : मेरे घर में खाये और भूख न लगे तब देखूँ। तुम तो अपने आदमी को भूखा ही मार डालोगी।

[कल्याण से]

तुम बैठो, मैं अभी तुम्हारे लिए पकौड़ियाँ बना लाती हूँ।

कल्याण : सचमुच मुझे भूख नहीं है।

माँ : हे भगवान! तुम सबको न जाने क्या हो गया है कि तुम्हीं लोगों के लिए तो हम लोगों ने सबकुछ किया, और तुम लोगों की यह हालत!

कल्याण : आप...आप अभी भी पहले-जैसी ही हैं, बिल्कुल नहीं बदलीं।

माँ : हममें से कोई बदला है कल्याण! हाँ, सब तुम्हें पहले की ही तरह चाहते हैं। अभी ये तुम्हारे जन्म

की बात कर रहे थे। उस दिन नल में पानी नहीं आ रहा था। कैसे हम सब मोड़ के मकान से पानी भर-भरकर ले आए थे। तुम क्या जानो!

[सब हँस पड़ते हैं। अनु से]

तुमने कल्याण को शर्बत नहीं दिया?

अनु : पूछा तो था।

माँ : पूछा तो था। अरे दे क्यों नहीं दिया?

[गिलास में शर्बत भर देती है]

लो, पियो।

कल्याण : माँ, मुझे तो सचमुच भूख लग आई।

माँ : मैं अभी तुम्हारे लिए पकौड़ियाँ बनाकर लाती हूँ।

अनु : चलिए, मैं आपकी सहायता कर दूँ।

कल्याण : अनु, साढ़े आठ बजे गाड़ी छूटती है।

माँ : *(अनु से)*
तुम जा रही हो?

प्रदीप : नहीं माँ, अनु नहीं...

अनु : *(बात काटते हुए कल्याण से)*
तुम अभी तो यहाँ आए हो। जरा देर रुको। सबको देखो, जानो।

प्रदीप : हाँ, लगता है तुम हम सबको बिल्कुल पहचानते ही नहीं हो।

माँ : प्रदीप, यदि ये लोग नहीं रुक सकते तो...

प्रदीप : नहीं माँ, केवल कल्याण की बात है, वह...

कल्याण : जरा एक मिनट रुकना। प्रदीप...

प्रदीप : *(मुस्कराते हुए)*

तुम यदि जाना ही चाहो तो मैं तुम्हें स्टेशन तक छोड़ दूँगा, पर यदि रुक रहे हो तो अब आगे और कोई तर्क नहीं।

माँ : कल्याण हम लोगों से तर्क क्यों करेगा?

[उसके पास जाकर उसका सिर थपथपाते हुए हताशा और तनाव से]

हम लोगों के बीच तर्क करने को है ही क्या! हम सब एक ही तीर के तो शिकार हुए हैं।...तुमने देखा शरद के पेड़ का क्या हो गया? मैं उसका सपना देख रही थी...ठीक उसी समय यह पेड़ गिरा।...खैर, छोड़ो उन बातों को। मैं अब तुम दोनों को अपने से दूर नहीं जाने दूँगी। लालाजी कह रहे थे, तुम भी यहीं आ जाओ। मैं जल्दी ही तुम्हारा ब्याह रचाऊँगी—खूब सुन्दर-सी, अच्छी-सी लड़की से।

कल्याण : लालाजी मुझे यहाँ आने को कह रहे थे?

अनु : हाँ, उन्होंने तुमसे कहने को कहा है।

माँ : क्यों न कहेंगे! हम तुम्हें अपना ही मानते हैं। और देखो, तुम भी फालतू बातें सोचना छोड़ दो...तुम हमसे कभी भी अलग नहीं हो सकते... घृणा करना तो बहुत दूर की बात है। तुम यहाँ आ जाओ।...तुम सरला को जानते हो न? उसी से मैं तुम्हारी...

प्रदीप : क्या माँ! आप भी किसका नाम ले बैठीं। मोटी थुलथुल, वह कोई ब्याह करने लायक है!

माँ : तुम्हारा तो दिमाग खराब है। अरे, जरा गोल बदन

की है, पर उससे क्या हुआ? इतनी सुशील है, इतनी होशियार है...

प्रदीप : लो कल्याण...तुम्हारा सचमुच कल्याण हुआ समझो...

[सब हँस पड़ते हैं। लालाजी का प्रवेश]

जमुना : अरे, तुम आ गए कल्याण!

कल्याण : नमस्ते!

जमुना : मजे में हो न?

कल्याण : जी हाँ।

जमुना : तुम भी हमारे साथ रात में बाहर खाना खाने चल रहे हो न?

कल्याण : नहीं, मुझे अभी लौट जाना है।

अनु : मैं टैक्सी बुलवा दूँ।

[प्रस्थान]

जमुना : यह तो बुरी बात है कि तुम इसी समय लौट जा रहे हो।

कल्याण : रास्ते में आते समय आपका कारखाना देखा। खूब बड़ा हो गया है।

जमुना : हाँ, खूब तो क्या...थोड़ा-सा।...बैठो...बैठो। तुम सीताराम से मिलने गए थे?

कल्याण : हाँ, आज सुबह।...आप अब क्या-क्या बनाते हैं?

जमुना : बहुत-सी छोटी-बड़ी चीज़ें। प्रेशर कुकर, एलेक्ट्रिक केट्ल...सीताराम कैसा है? ठीक है?

कल्याण : नहीं।

जमुना : क्यों, फिर वही दिल का दौरा पड़ा क्या?

कल्याण : नहीं, दिल का दौरा नहीं, इस बार उनकी आत्मा

कष्ट पा रही है।

प्रदीप : तुम उधर अपना पुराना घर देखने नहीं चलोगे?

कल्याण : नहीं, मैं लालाजी से बातें करना चाहता हूँ।

जमुना : हाँ-हाँ। इतने दिनों बाद तो इससे भेंट हुई है।... देखो न, किसी-किसी बदनसीब के साथ ऐसा ही होता है। बड़े आदमी भूल करें तो एम्बैसडर बना दिए जाते हैं, छोटा आदमी भूल करे तो उसे ऐसी सज़ा मिलती है। उससे मिलने से पहले तुमने खबर क्यों नहीं दी?

कल्याण : *(गौर से परखते हुए)*
मैं नहीं जानता था कि आपको उनमें कोई दिलचस्पी है।

जमुना : मुझे दिलचस्पी है। मैं चाहता हूँ कि उसे यह पता चल जाए कि मेरे यहाँ उसके लिए अब भी जगह है, वह जब चाहे, लौट आ सकता है।

कल्याण : आप नहीं जानते, वे आपके कारनामों से घृणा करते हैं।

जमुना : जानता हूँ। पर वह बदल भी सकता है।

माँ : सीताराम तो ऐसे कभी न थे।

कल्याण : अब वे ऐसे ही हो गए हैं। लड़ाई में पैसा बनानेवाले हर आदमी को वे गोली मार देना चाहते हैं।

प्रदीप : बहुत गोलियों की ज़रूरत पड़ेगी।

कल्याण : और अच्छा हो कि उन्हें एक भी न मिले।

जमुना : यह सुनकर अफ़सोस हुआ।

कल्याण : क्यों, आप और क्या आशा करते थे?

जमुना : *(अपने-आपको संयत रखते हुए)*

मुझे अफ़सोस है कि अभी भी वह पहले-जैसा ही है। उसने कभी भी अपना दोष स्वीकार करना नहीं जाना! तुम यह बात अच्छी तरह जानते हो।

कल्याण : मैं...

जमुना : याद है, उस बार सीताराम ने रात में खुद जलता हुआ हीटर छोड़ दिया था, पर किसी तरह मानने को तैयार ही नहीं हुआ? उसका सम्मान रखने की खातिर मुझे मुनीमजी को नौकरी से हटाना पड़ा था।

कल्याण : हाँ...पर...

जमुना : इसी तरह उस बार ललित को इतनी गालियाँ दीं। क्यों? क्योंकि उसने गलत कम्पनी के शेयर खरीदवा दिए थे। याद है न?

कल्याण : *(परेशान)*

...सब याद है।

जमुना : अच्छा है कि तुम्हें सब याद है। तब यह मत भूलो कि दुनिया में कुछ लोग ऐसे होते हैं जो खुद अपना दोष मंजूर करने के बदले दूसरों को गोली से मारना ही बेहतर समझते हैं।

[अनु का प्रवेश]

मेरी बात समझ रहे हो कल्याण?

अनु : टैक्सी आ रही है।

माँ : जाने की इतनी जल्दी क्या है? न हो रात 12 बजेवाली गाड़ी से चले जाना।

जमुना : हाँ, आज रात हम लोग बाहर खाने चल रहे हैं, तुम्हें भी चलना है।

अनु : रुक जाओ न भैया? खूब मज़ा आएगा।

[लम्बा विराम। कल्याण बारी-बारी से सबको देखता है।]

कल्याण : अच्छा!

माँ : अब हुई न कायदे की बात!

कल्याण : और कौन-कौन चल रहा है?

प्रदीप : सरला को ले चलूँ?

माँ : हाँ, ख़याल बुरा नहीं है।...उसकी माँ को मैं अभी फोन करती हूँ।

कल्याण : अरे, नहीं-नहीं, मैं तो यूँ ही पूछ रहा था।

प्रदीप : तुम जल्दी से हाथ-मुँह धो लो। मैं अपनी कमीज निकाले देता हूँ।

माँ : नीलीवाली देना—खूब अच्छी लगेगी। और टाई भी, समझे?

कल्याण : सच...मुझे जितना अपनापन इस घर में लगता है उतना और कहीं नहीं।...लगता है जैसे कहीं कुछ बदला ही नहीं है। आप वैसी ही हैं...एकदम। लालाजी पर भी उम्र का कोई असर नहीं दिखता।

जमुना : मैं तुम सबसे तगड़ा हूँ। बीमारी को पास नहीं फटकने देता।

माँ : पिछले 15 बरसों से इन्हें कभी सर्दी तक नहीं हुई।

जमुना : सिवाय उस बार के न्यूमोनिया के।

माँ : आँ?

जमुना : अरे भूल गईं? लड़ाई के समय जब मुझे न्यूमोनिया हुआ था?

माँ : हाँ-हाँ, याद आया।

[कल्याण से]

मेरा मतलब उस न्यूमोनिया को छोड़कर।

[कल्याण एकदम सीधा खड़ा देखता रहता है।]

मैं भूल गई थी...इस तरह मेरी ओर मत देखो।...उस दिन उनकी तबियत बहुत खराब हो गई थी–बिस्तर से उठ ही नहीं पाए। कारखाने जाना चाह रहे थे, पर...

कल्याण : आपने यह क्यों कहा कि इन्हें कभी...

जमुना : मैं जानता हूँ तुम्हें कैसा लग रहा होगा। मैं उसके लिए अपने को कभी माफ नहीं कर सकता। यदि मैं जा सकता तो सीताराम को कभी भी वैसा न करने देता।

कल्याण : *(माँ से)*

आपने यह क्यों कहा कि इन्हें कभी सर्दी तक नहीं हुई?

माँ : मैंने कहा न कि ये एक बार बीमार पड़े थे।

कल्याण : *(अनु से)*

तुमने सुना?

माँ : अब क्या हर बीमारी आदमी को याद रहती है?

कल्याण : न्यूमोनिया याद रहता है, खासकर यदि वह उसी दिन हुआ हो जिस दिन आपका पार्टनर इतनी बड़ी भूलकर बैठा हो।...उस दिन क्या हुआ था लालाजी?

[ललित का प्रवेश। हाथ में जन्मपत्री है।]

ललित : भाभीजी, यह लीजिए शरद की जन्मपत्री पूरी हो गई। जानती हैं, 25 नवम्बर का दिन उसके लिए शुभ था?

माँ : सच, मैं कह रही थी न? कल्याण, इसे जानते हो न? ललितकुमार। तुम्हारी लीला को चुपके से यही तो हर ले गया।

[हँस पड़ती है]

प्रदीप, ललित कह रहा है कि 25 नवम्बर शरद के लिए शुभ था।

प्रदीप : बकवास!

ललित : बकवास क्यों? ग्रह-नक्षत्र जीवन के बहुत-से सत्यों का उद्घाटन करते हैं। वैसे शुभ दिन किसी की मौत असम्भव है। तुम मानों, चाहे मत मानों।

माँ : इसमें न मानने की क्या बात है! प्रदीप, मुझे पूरा यकीन है मेरा शरद...

कल्याण : *(अनु से)*
अब भी कुछ बाक़ी है? तुम्हें चली जाने के लिए कह दिया गया है। तुम और किस बात का इन्तज़ार कर रही हो?

प्रदीप : इसे कोई भी जाने को नहीं कह सकता।

[कार का हार्न सुनाई पड़ता है।]

माँ : ललित, जरा ड्राइवर को रुकने को बोल दो।

[ललित का प्रस्थान। अनु से]

मैंने तुम्हारा सामान सब रख दिया है।

प्रदीप : क्या?

माँ : बस, सूटकेस बन्द करना बाकी है।

अनु : मुझे प्रदीप ने बुलाया था। इनके कहे बिना मैं यहाँ से नहीं जाऊँगी।

प्रदीप : सुन लिया? अब तुम जा सकते हो कल्याण!

माँ : *(प्रदीप से)*

पर यदि कल्याण को ऐसा लगता है कि...

प्रदीप : मैं अब और कुछ नहीं सुनना चाहता। जब तक मैं ज़िन्दा हूँ, उस मुकदमे की या शरद की कोई भी बात सुनने को राज़ी नहीं।

[कल्याण से]

तुम जा सकते हो।

कल्याण : *(अनु से)*

मैं तुम्हारी ज़बान से सुनना चाहता हूँ अनु!

अनु : तुम चले जाओ भैया!

[कल्याण का प्रस्थान। पीछे-पीछे अनु भी जाती है—कहते-कहते]

भैया, तुम बुरा मत मानों, पर ज़रा सोचो तो...

प्रदीप : आपने अनु का सामान क्यों बटोरा? बोलिए, क्यों?

माँ : प्रदीप।

प्रदीप : मैं पूछ रहा हूँ आपने अनु का सामान क्यों बटोरा?

माँ : वह इस परिवार की नहीं है।

प्रदीप : तो मैं भी इस परिवार का नहीं हूँ।

माँ : वह शरद की मंगेतर है।

प्रदीप : मैं शरद का भाई हूँ और वह मर चुका है और मैं अनु से विवाह करना चाहता हूँ।

माँ : कभी नहीं!

जमुना : तुम्हारा दिमाग खराब हो गया है?

माँ : तुम कुछ मत बोलो। तुम्हारे पास कहने को कुछ भी नहीं है।

जमुना : *(निर्दयता से)*

क्यों, मैं न बोलूँ? मेरे पास कहने को बहुत-कुछ है। पिछले साढ़े तीन बरसों से तुम पागल की तरह...

माँ : *(उसके एकदम पास आकर सख्ती से)*

बस...और एक शब्द भी नहीं। तुम्हें कुछ भी नहीं कहना है। जो कहना है, मैं कहूँगी। वह लौटेगा और हम सबको उसके लिए इन्तज़ार करना है।

प्रदीप : माँ...माँ...

माँ : रुको...रुको...

प्रदीप : कब तक?

माँ : जब तक वह नहीं लौटता।

प्रदीप : माँ, मैं अब और इन्तज़ार नहीं कर सकता।

माँ : प्रदीप, मैंने कभी किसी बात के लिए ना नहीं कहा, पर इस बार कह रही हूँ।

प्रदीप : जब तक मैं ऐसा नहीं करूँगा तब तक आप शरद को नहीं भूलेंगी। उसकी याद में पागल रहेंगी—उसे छोड़ेंगी नहीं।

माँ : मैं उसे कभी नहीं भूल सकती और तुम भी वैसा नहीं कर सकते।

प्रदीप : मैं उसे भूल चुका हूँ—बहुत पहले।

माँ : *(पूरे बलपूर्वक)*
तो फिर अपने पिता को भी भूल जाओ, इन्हें भी छोड़ दो।

[विराम। प्रदीप भौंचक्का-सा देखता रहता है।]

जमुना : इसका दिमाग खराब हो गया है।

माँ : एकदम।

[प्रदीप से, पर उसकी ओर बिना देखे]

तुम्हारा भाई ज़िन्दा है बेटा, क्योंकि यदि वह मरा है तो उसकी मौत तुम्हारे पिता के हाथों हुई है। बात समझ में आ रही है? जब तक ये ज़िन्दा हैं, तब तक शरद भी ज़िन्दा है। भगवान बाप के हाथों बेटे की मौत नहीं होने देता। समझ रहे हो न...बात समझ रहे हो न?...

[अपने-आपको रोक पाने में असमर्थ हो भीतर चली जाती है।]

जमुना : इसका दिमाग खराब हो गया है।

प्रदीप : *(टूटे हुए-से स्वर में)*
तो...वह सब आपने किया था?

जमुना : *(अनुनय के-से स्वर में)*
तुम जानते हो कि शरद पी-40 प्लेन...

प्रदीप : *(स्तब्ध)*
पर दूसरे?

जमुना : *(ज़ोर देकर)*
कमला एकदम पागल हो गई है।

प्रदीप : लालाजी...तो आपने वह सब किया था?

जमुना : तुम जानते हो कि वह पी-40 प्लेन...

प्रदीप : आपने किया...दूसरों को...

जमुना : *(भयभीत-सा)*
क्या हुआ प्रदीप? आखिर बात क्या है? तुम इस तरह...

प्रदीप : *(शान्ति से)*
आप वैसा कैसे कर सके? कैसे?

जमुना : तुम्हें क्या हुआ है प्रदीप?

प्रदीप : लालाजी, आपने 21 लड़कों को मार डाला।

जमुना : मैंने? मार डाला?

प्रदीप : हाँ, आपने...सबकी हत्या की।

जमुना : मैंने कैसे किसी की हत्या की?

प्रदीप : लालाजी!

जमुना : *(प्रदीप को रोकते हुए)*
मैंने किसी की हत्या नहीं की बेटा!

प्रदीप : तो फिर बतलाइए आपने क्या किया था? मुझे सबकुछ सच-सच बतलाइए नहीं तो मैं आपको...

जमुना : *(भयभीत)*
प्रदीप...तुम क्या कहे जा रहे हो?...नहीं...नहीं...

प्रदीप : मैं सबकुछ सही-सही जानना चाहता हूँ। बतलाइए... आपने क्या किया था। उस दिन सिलिंडर ठीक नहीं बने थे। आपने...

जमुना : *(अपना बचाव करते हुए)*
मैं क्या करता...बिजनेस में बहुत-सा काम करना

ही पड़ता है। उस दिन माल सप्लाई न होता तो मेरा ठेका कैन्सिल कर दिया जाता...40 बरसों के घोर परिश्रम के बाद मैंने ज़िन्दगी में जो कुछ बनाया था, सब पाँच मिनिट में खत्म हो जाता। मैं वैसा कैसे होने दे सकता था! पर मैं तुमसे ईमानदारी से कहता हूँ, मैंने यह नहीं सोचा था कि ये दागी सिलिंडर प्लेन में लगा दिए जाएँगे। मैंने माना था कि लगाने से पहले उनके दोष का पता चल जाएगा और उन्हें रद्द कर दिया जाएगा।

प्रदीप : तब आपने उन्हें भेजा ही क्यों था?

जमुना : उस समय भेजना ज़रूरी था। मैंने माना था कि वे लौटा दिए जाएँगे। जब एक सप्ताह तक कोई शिकायत नहीं आई तब मैंने सोचा खुद ही कह दूँ।

प्रदीप : तो कहा क्यों नहीं?

जमुना : तीर हाथ से छूट चुका था। वे सिलिंडर जहाज में लगा दिए गए थे और 21 जहाज नीचे आ रहे थे। अख़बारों में खबरें आ गई थीं...पूरा-का-पूरा पेज भरा पड़ा था। हमारे हाथों में हथकड़ियाँ पड़ गईं।

[बैठ जाता है]

प्रदीप...मैंने यह सब तुम्हारे लिए किया। एक मौका मिला था और मैंने उसका लाभ उठाया। मैं एकसठ बरस का हो गया हूँ...तुम्हारे लिए कुछ करने का और कौन-सा मौका मिल सकता था!

प्रदीप : आप जानते थे कि वे सिलिंडर एकदम रद्दी हैं...

जमुना : एकदम नहीं।

प्रदीप : आप उन लोगों को इस्तेमाल करने से मना करने जा रहे थे...

जमुना : हाँ, पर इसका मतलब...

प्रदीप : इसका मतलब यह कि आप जानते थे कि उन सिलिंडरों के बूते पर जहाज ऊपर नहीं टिक पाएँगे।

जमुना : नहीं तो...ऐसा...

प्रदीप : आपको डर था कि शायद वे टिक न पाएँ...

जमुना : हाँ, मैं सोचता था कि हो सकता है कि...

प्रदीप : हे भगवान! हो सकता है...आप कैसे...

जमुना : मैंने सब तुम्हारे लिए किया।

प्रदीप : *(एकदम गरम होकर)*

मेरे लिए? आप क्या हैं? किस दुनिया में रहते हैं? मेरे लिए!...मैं हर दिन मौत से लड़ रहा था और आप उन लड़कों को मौत के घाट उतार रहे थे...और वह भी मेरे लिए। लालाजी, आप आदमी हैं या जानवर? ना...आप जानवर भी नहीं हैं, जानवर तक अपने बच्चे को नहीं मारता। आपने?...मेरे लिए...छिः...क्या आपके लिए देश कुछ भी नहीं है? देश के दूसरे लोग कुछ भी नहीं हैं?...आपने सबकुछ बिजनेस के लिए किया, मेरे लिए किया। मैं क्या करूँ?...आपका क्या... क्या करूँ...जी करता है...जी करता है...आपकी जबान...

[जमुना के कन्धे पर मुक्का मारता है और फिर अपने को सम्हाल नहीं पाता है...रो पड़ता है]

हे भगवान...मैं क्या करूँ...क्या करूँ...

जमुना : प्रदीप...बेटा...

[पर्दा]

तृतीय अंक

[पर्दा खुलने पर माँ कुर्सी पर बैठी है—अपने ही विचारों में खोई है...हिल रही है। ऊपर की एक खिड़की में रोशनी है...नीचे सब अँधेरा है। रात के 12 बजे हैं। चाँदनी छिटकी है। डॉक्टर का प्रवेश।]

डॉक्टर : कोई खबर?

माँ : ना!

डॉक्टर : आप कब तक बैठी रहिएगा, जाइए? सो जाइए।

माँ : मैं प्रदीप का इन्तज़ार कर रही हूँ। तुम चिन्ता मत करो, मैं एकदम ठीक हूँ।

डॉक्टर : पर बारह बज चुके हैं।

माँ : मुझे नींद नहीं आएगी।

[विराम]

तुम किसी मरीज़ के यहाँ गए थे?

डॉक्टर : हाँ, सिर में हलका-सा दर्द हुआ और डॉक्टर की बुलाहट हो जाती है—दिन हो चाहे आधी रात। मेरे

आधे से ज़्यादा मरीज़ों को पागलखाने में होना चाहिए। सबको पैसे की हाय-हाय पड़ी है। अरे, पैसा क्या है? कुछ नहीं। थोड़ी देर तक पैसा-पैसा-पैसा-पैसा कहते रहो तो उसका कोई अर्थ ही नहीं रह जाता।

[माँ की हल्की-सी हँसी]

क्या बात है?...आप कुछ...

माँ : आज प्रदीप की लालाजी से झड़प हो गई। उसके बाद वह गाड़ी लेकर न जाने कहाँ चला गया है।

डॉक्टर : कैसी झड़प?

माँ : ऐसे ही...प्रदीप बच्चों की तरह फूट-फूटकर रो रहा था...

डॉक्टर : अनु को लेकर बात हुई थी?

माँ : नहीं...कल्पना करो।...

[ऊपर की खिड़की की ओर देखते हुए]

वह तब से नीचे उतरी ही नहीं है।

डॉक्टर : लालाजी ने क्या कहा?

माँ : किससे?

डॉक्टर : आप निस्संकोच कह डालिए। मुझे सब मालूम है।

माँ : कैसे?

डॉक्टर : ऐसे ही। बहुत दिनों से।

माँ : मैं सोचती थी कि मन के गहरे में कहीं प्रदीप भी सबकुछ जानता है। उसे इतना बड़ा सदमा पहुँचेगा, ऐसा नहीं जानती थी।

डॉक्टर : प्रदीप के लिए इस स्थिति से समझौता करना

बहुत कठिन होगा। मैं और आप कर सकते हैं... पर वह नहीं। झूठ बोलने और उसे बर्दाश्त करने के लिए बहुत अलग तरह की मानसिक बनावट की ज़रूरत होती है।

माँ : क्या मतलब?...वह लौटेगा नहीं?

डॉक्टर : नहीं, नहीं...वह आएगा ज़रूर। हम सब लौट आते हैं...ऐसी निजी हलचलें सदा मर जाती हैं, आदमी समझौता कर लेता है। ललित ठीक ही कहता है। हम सबका अपना कोई-न-कोई सितारा होता है...अपनी ईमानदारी का सितारा। हम अपनी सारी ज़िन्दगी उस सितारे को पकड़ने में लगा देते हैं, पर एक बार यदि वह डूब गया तो फिर उसे नहीं पाया जा सकता। प्रदीप दूर नहीं गया होगा। एकान्त में अकेले बैठकर अपने सितारे का डूबना देखना चाहता हो।

माँ : आ जाए तो...

डॉक्टर : काश, वह न लौटता! मैं एक बार घर-बार छोड़कर चला गया था—साल भर रिसर्च करता रहा...सचमुच वही समय ऐसा था जब बिना किसी बाधा-बन्धन के मैं वह कर सका जो मैं करना चाहता था। वह सुख ही कुछ और था।... फिर शान्ति पहुँच गई, रो-गाकर मुझे घर लौटा लाई। मैं आ गया...मैं अच्छा पति हूँ, लौट आया। प्रदीप अच्छा बेटा है, वह भी लौट आएगा।

[जमुनाप्रसाद का प्रवेश—स्लीपिंग गाउन में, डॉक्टर उनके पास जाता है]

मैं समझता हूँ, प्रदीप पार्क में बैठा होगा। मैं उसे पकड़कर लाता हूँ। आप भाभीजी को सोने के लिए कहिए।

[प्रस्थान]

जमुना : डॉक्टर यहाँ क्या कर रहा था?

माँ : उसका दोस्त घर नहीं लौटा है।

जमुना : उसका इतना आना-जाना मुझे पसन्द नहीं।

माँ : उसे सब मालूम है।

जमुना : कैसे?

माँ : उसने बहुत पहले ही अनुमान किया था।

जमुना : मुझे यह अच्छा नहीं लगता।

माँ : *(हँसते हुए)*
क्या अच्छा नहीं लगता?

जमुना : हाँ...क्या...

माँ : देखो, अब बच निकलना मुश्किल है। इस बार तुम...अभी यह किस्सा खत्म नहीं हुआ है।

जमुना : *(ऊपर की खिड़की ओर देखते हुए)*
वह ऊपर क्या कर रही है, नीचे नहीं उतरी?

माँ : पता नहीं, क्या कर रही है? बैठो...दिमाग ठंडा करके बैठ जाओ। तुम ज़िन्दा रहना चाहते हो न? अब नए सिरे से अपनी ज़िन्दगी पर विचार कर लो।

जमुना : उसे कुछ नहीं मालूम है न?

माँ : उसने प्रदीप को जाते हुए देखा था। न मालूम होने की क्या बात है, सब तो साफ है!

जमुना : मैं उससे बातें करूँ?

माँ : मुझसे कुछ मत पूछो।

जमुना : *(करीब-करीब चिल्लाते हुए)*
तो किससे पूछूँ? मैं समझता हूँ, वह इस बारे में कुछ नहीं करेगी।

माँ : मुझसे फिर क्यों पूछ रहे हो?

जमुना : हाँ, पूछ रहा हूँ, पूछूँगा। मैं क्या हूँ?...क्या कोई नहीं? मैं सोचता था, मेरा घर-परिवार है। सब कहाँ गया?

माँ : सब यहीं है। मैं तो केवल इतना कह रही हूँ कि मुझमें अब और सोचने-समझने की शक्ति नहीं रही।

जमुना : सोचने-समझने की शक्ति नहीं रही। जहाँ कोई मुसीबत आई, तुममें शक्ति नहीं रह जाती।

माँ : तुम फिर वही करने लगे। जब कभी कोई मुसीबत तुम पर आती है, तुम मुझ पर चिल्लाने लगते हो और सोचते हो कि इससे सारा मसला हल हो जाएगा।

जमुना : मैं और क्या करूँ! बोलो, तुम्हीं बोलो, मैं क्या करूँ!

माँ : मैं सोच रही थी...यदि वह लौटकर आए तो...

जमुना : 'यदि' का क्या मतलब है? वह लौटेगा ही।

माँ : तुम उसे बैठाकर उससे खुद सबकुछ कह दो। मैं समझती हूँ कि उसके सामने तुम्हारा अपनी गलती मंजूर करना बहुत ज़रूरी है।

[उसकी ओर बिना देखे]

माने, यदि उसको यह पता चल जाए कि तुम

अपनी गलती मंजूर करते हो तो...

जमुना : उससे क्या होगा?

माँ : *(थोड़ा डरती हुई)*

मेरा मतलब, तुम यदि उससे कहो, कि जो कुछ तुमने किया उसकी कीमत चुकाने को राज़ी हो तो...

जमुना : मैं क्या कीमत चुका सकता हूँ? कैसे?

माँ : उससे कह दो कि तुम जेल जाने को राज़ी हो।

[विराम]

जमुना : *(आश्चर्य से)*

मैं जेल जाने को..?

माँ : *(जल्दी से)*

तुम्हें जाना नहीं होगा, वह तुम्हें जाने थोड़े ही देगा! पर हाँ, यदि उसे यह पता चल जाए कि तुम अपने किए की कीमत चुकाने को राज़ी हो तो शायद वह तुम्हें माफ कर दे।

जमुना : वह मुझे माफ करेगा? किस बात के लिए?

माँ : सो तुम अच्छी तरह जानते हो।

जमुना : मेरी समझ में नहीं आ रहा है, तुम क्या चाहती हो! तुम धन-दौलत चाहती थीं, मैंने कमाया। मुझे किस बात के लिए माफ किया जाएगा? बोलो, तुम नहीं चाहती थीं?

माँ : मैं इस तरह से नहीं चाहती थी।

जमुना : मैं भी इस तरह से नहीं चाहता था। पर चाहने से ही क्या फ़र्क पड़ता है? मैंने ही तुम दोनों को सिर पर चढ़ाया है। उसे भी अपनी तरह दस बरस

की उम्र में काम करने, अपनी रोजी कमाने में लगा देता न, तो अच्छा होता—तब वह जानता कि दुनिया में क्या-क्या झेलना पड़ता है। माफ़ करेगा! मुझे क्या, मैं तो एक रुपए रोज में गुज़र कर सकता हूँ! तुम्हीं लोगों के लिए...

माँ : हम लोगों के लिए करने से ही तो अपराध कम नहीं हो जाता!

जमुना : होना होगा।

माँ : उसके लिए परिवार से बड़ी भी कोई चीज़ है।

जमुना : परिवार से बड़ा और कुछ नहीं होता।

माँ : उसके लिए है।

जमुना : दुनिया में ऐसा कोई भी काम नहीं है, जिसके लिए मैं उसे क्षमा न कर सकूँ। क्योंकि वह मेरा बेटा है। क्योंकि मैं उसका बाप हूँ और वह मेरा बेटा है।

माँ : देखो, मैं...

जमुना : इससे बड़ा और कुछ नहीं है। और तुम उससे यही कहने जा रही हो, समझीं? मैं उसका बाप हूँ और वह मेरा बेटा है। यदि दुनिया में इससे भी बड़ी कोई चीज़ है तो मैं अपने-आपको गोली मार लूँगा।

माँ : बन्द करो यह सब।

जमुना : मेरी बातें सुन लीं। अब समझ गईं न, कि उससे क्या कहना है?

[विराम...कमला से दूर जाते हुए]

वह मुझे अपने से अलग नहीं करेगा...नहीं...

नहीं...वह ऐसा कैसे कर सकता है?

माँ : वह तुम्हारी बहुत इज्जत करता था, तुम्हें बहुत चाहता था। तुमने उसका दिल तोड़ दिया है।

जमुना : पर मुझसे दूर रहकर...

माँ : पता नहीं। मुझे लगता है कि हम लोग उसे अच्छी तरह जान नहीं पाए हैं। सुनती हूँ, लड़ाई में वह खूँखार था, निर्ममता से दुश्मनों को मारा करता था। यहाँ चूहे से डरता था। मुझे पता नहीं, वह क्या कर बैठेगा, कह नहीं सकती।

जमुना : शरद ऐसा कभी न सोचता। वह जानता था दुनिया कैसे चलती है, पैसा कैसे आता है। उसके लिए घर सबकुछ था। इसकी तरह सिरफिरा नहीं था। इसका तो रवैया ही दुनिया से अलग है। सबकुछ बहुत आसानी से मिल गया है न, इसीलिए।...शरद...शरद होता तो...

[कुर्सी में धम्प से बैठ जाता है]

मैं क्या करूँ?...तुम्हीं बतलाओ...मैं क्या करूँ?

माँ : तुम इतने परेशान मत हो...सब ठीक हो जाएगा... कुछ नहीं होगा।

जमुना : कमला, तुम्हारे लिए, तुम दोनों के लिए ही मैं ज़िन्दा रहा, मैंने सबकुछ किया...

माँ : मैं जानती हूँ...सो मैं जानती हूँ...

[अनु का प्रवेश। खामोशी।]

अनु : आप लोग इतनी रात तक क्यों जग रहे हैं? जाइए, सो रहिए, उनके आने पर मैं आपको

खबर दे दूँगी।

जमुना : *(पास जाते हुए)*

तुमने खाना नहीं खाया, क्यों?

[माँ से]

इसे कुछ खिलाओ न?

माँ : अभी...

अनु : आप बिल्कुल फिक्र मत कीजिए। मुझे कुछ चाहिए तो ले लूँगी।

[सब चुप रहते हैं]

मैं आप लोगों से कुछ कहना चाहती हूँ।

[कहते-कहते रुक जाती है]

मैं इस बारे में कुछ भी नहीं करूँगी।

माँ : अनु, तुम कितनी अच्छी हो!

[जमुना से]

देखा तुमने, अनु कितनी...

अनु : मैं लालाजी को लेकर कुछ नहीं करूँगी, पर आप लोगों को मेरे लिए कुछ करना होगा।

[माँ से]

आपने प्रदीप को अपनी ही नज़रों में दोषी बना दिया है। आपका मतलब वैसा रहा हो या नहीं, पर मेरे सामने वह अपने को दोषी मानता है। आपको उससे कहना होगा कि शरद अब नहीं

रहा और आप यह जानती हैं। मेरी बात समझ रही हैं न? मैं यहाँ से अकेली नहीं लौटूँगी—बाहर मेरे लिए कुछ भी नहीं है। मैं चाहती हूँ कि आप उसे मुक्त कर दें। मैं आपको वचन देती हूँ—तब सबकुछ शेष हो जाएगा, हम लोग यहाँ से चले जाएँगे, बस।

जमुना : अनु ठीक कर रही है, कमला! तुम उससे कह दो...

अनु : मैं जानती हूँ, मैं आपसे कितनी बडी चीज़ माँग रही हूँ, पर और कोई उपाय नहीं है। आपके दो बेटे थे, पर अब एक ही है।

जमुना : तुम उससे कह दो कमला!

अनु : यह आपको खुद कहना होगा, ताकि वह विश्वास कर सकें।

माँ : अनु बेटी, यदि शरद सचमुच नहीं रहा तो मेरे यह कहने की कोई ज़रूरत नहीं है, प्रदीप अपने-आप जान जाएगा। जिस दिन उसकी और तुम्हारी शादी होगी, उस दिन उसका दिल मर जाएगा, क्योंकि सच्चाई वह भी जानता है और तुम भी। अपने अन्तिम दिन तक वह भाई का इन्तज़ार करेगा। नहीं, अनु, नहीं, ऐसा नहीं हो सकता।... तुम सुबह वापिस जा रही हो...अकेली। यही तुम्हारी ज़िन्दगी होगी...एकदम अकेली...

[उठकर जाने लगती है]

अनु : शरद अब नहीं है, माँ!

माँ : *(रुककर)*

मुझसे कुछ मत कहो।

अनु : शरद अब नहीं रहा। 25 नवम्बर को उसकी मौत हो चुकी है, मैं जानती हूँ। उसकी मौत हवाई जहाज की गड़बड़ी के कारण नहीं हुई, पर वह मर चुका है, यह मैं जानती हूँ।

माँ : तब वह कैसे मरा? मुझसे झूठ बोल रही हो? बतलाओ, तब फिर वह कैसे मरा?

अनु : आप जानती हैं, मैं उसे कितना प्यार करती थी। उसकी मौत के बारे में निश्चिन्त हुए बिना क्या मैं किसी दूसरे की ओर आँख भी उठाती! आपके लिए इतना काफी होना चाहिए।

माँ : *(अनु के पास आती हुई)*
मेरे लिए क्या इतना काफी होना चाहिए? तुम कह क्या रही हो?

[अनु की कलाई पकड़ लेती है।]

अनु : मेरा हाथ छोड़िए, इतनी ज़ोर से मत पकड़िए।

माँ : तुम कह क्या रही हो, बोलो।

[विराम। कुछ देर बाद माँ जमुना की ओर बढ़ती है।]

अनु : लालाजी, आप भीतर जाइए।

जमुना : क्यों?

अनु : *(अनुनय से)*
आप जाइए, मैं कह रही हूँ।

जमुना : प्रदीप आए तो मुझे खबर देना।

[प्रस्थान]

माँ : *(अनु को पाकेट में से कुछ निकालते देखकर)* वह क्या है?

अनु : बैठ जाइए।

[माँ कुर्सी की ओर बढ़ती है, पर बैठती नहीं।]

विश्वास मानिए, जब मैं यहाँ आई थी तो मुझे बिल्कुल अन्दाज़ नहीं था कि लालाजी...आप लोगों के प्रति मेरे मन में कुछ भी नहीं था...मैं केवल शादी के इरादे से आई थी। मैंने सोचा था...मैं इसे केवल इसलिए लाई थी कि यदि शरद के बारे में आप और किसी तरह मानने को न राज़ी हुईं तो इसकी सहायता लूँगी।

माँ : यह क्या है?

[पत्र छीनकर पढ़ने लगती है?]

अनु : इसे शरद ने अपनी अन्तिम घड़ी के ज़रा देर पहले लिखा था।...मैं आपको पीड़ा नहीं पहुँचाना चाहती...आपने मुझे मजबूर कर दिया नहीं तो... मैं इतना अकेला महसूस करती हूँ...इतना अकेला...

[माँ की 'आह' सुनाई पड़ती है]

मैं इसे आपको दिखाना नहीं चाहती थी, विश्वास मानिए। मैंने आपसे इतनी बार कहा, पर आपने मेरी बात नहीं सुनी।

माँ : हे भगवान...हे भगवान...

अनु : माँ...आप...

माँ : भगवान...

अनु : माँ, मुझे बहुत दुःख है...

[प्रदीप का बाहर से प्रवेश। एकदम टूटा हुआ है।]

प्रदीप : क्या बात है?

अनु : तुम कहाँ चले गए थे?...पसीने से एकदम तर-बतर हो गए हो।

[माँ वैसे ही स्तब्ध बैठी रहती है]

तुम कहाँ थे?

प्रदीप : ऐसे ही, गाड़ी में चक्कर काट रहा था। सोचा था, अब तक तुम चली गई होंगी।

अनु : मैं कहाँ चली गई होती! जाने के लिए मेरे पास और कोई जगह नहीं है।

प्रदीप : *(माँ से)*

लालाजी कहाँ हैं?

अनु : भीतर।

प्रदीप : तुम दोनों बैठ जाओ। मैं जो कहना चाहता हूँ, कह ही डालूँ।

माँ : गाड़ी की आवाज़ तो मैंने नहीं सुनी।

प्रदीप : गराज में रख आया हूँ।

माँ : डॉक्टर तुम्हें खोजने गए हैं।

प्रदीप : माँ, मैं जा रहा हूँ।...कहीं-न-कहीं मुझे नौकरी मिल ही जाएगी, मैं यहाँ से हमेशा के लिए चला जा रहा हूँ।

[अनु से]

मैं जानता हूँ, तुम क्या सोच रही होगी। सब सच है। इस घर में मुझे भी एकदम कायर बना दिया गया है। जो मैं आज जान पाया हूँ, यदि यह सब उस दिन जान जाता, जिस दिन मैं घर लौटा था, तो स्थिति बिल्कुल भिन्न होती—लालाजी थाने में होते...मैं खुद ले जाता। पर अब...अब तो उनकी ओर देखने पर रोने के सिवा और क्या कर सकता हूँ!

माँ : तुम क्या कहे जा रहे हो बेटा? तुम और क्या कह सकते हो?

प्रदीप : मैं...मैं...उन्हें जेल में डाल सकता हूँ...समझीं, जेल में।...पर नहीं मुझमें इनसानियत कहाँ बची है जो ऐसा कर सकूँ! अब मैं भी दूसरे सब लोगों की तरह दुनियादार बन गया हूँ...व्यावहारिक बन गया हूँ। यह सब आपने किया है।

माँ : दुनिया में दुनियादार तो बनना ही पड़ता है।

प्रदीप : हाँ, दुनियादार तो बनना ही पड़ता है। कुत्ते, बिल्ली सब दुनियादार होते हैं...अपना-अपना लाभ देखते हैं। दुनियादार यदि कोई नहीं होता तो केवल वह जो लड़ाई में अपनी जान कुर्बान कर देता है। मैं भी दुनियादार हूँ...मैं अपने-आप पर थूकता हूँ।...मैं जा रहा हूँ...मैं हमेशा के लिए चला जा रहा हूँ।

अनु : मैं तुम्हारे साथ चलूँगी।

प्रदीप : नहीं अनु।

अनु : लालाजी के बारे में मैं कुछ भी नहीं कहूँगी।

प्रदीप : तुम कहोगी।

अनु : मैं कसम खाती हूँ, मैं उस सिलसिले में कभी भी कुछ भी करने को नहीं कहूँगी।

प्रदीप : मुँह से कहो पर दिल में तो सोचोगी ही।

अनु : तो ठीक है, जो मर्जी आए करो।

प्रदीप : क्या करूँ? करने को बचा ही क्या है? मैं इतनी देर तक यही सोचता रहा कि लालाजी क्यों सज़ा पाएँ? उन्हें अब सज़ा देने से क्या फ़ायदा? क्या उससे मरे हुए को वापिस ज़िन्दा किया जा सकता है? लड़ाई में जो बुज़दिली दिखाते थे, उन्हें हम लोग शूट कर दिया करते थे, सम्मान की खातिर। पर यहाँ...सभी एक-दूसरे के खून के प्यासे हैं। इस बार एक आदमी के कारण एक नहीं बहुत से लोग मारे गए, बस, इतनी-सी तो बात है। हर आदमी ऐसे कर रहा है। मैं लालाजी को ही दोष क्यों दूँ? सब कायर हैं...बुजदिल हैं...

अनु : *(माँ से)*

आप इनसे कहिए न!

माँ : उसे जाने दो।

अनु : मैं इन्हें नहीं जाने दे सकती। आप इनसे कह दीजिए...

माँ : अनु!

अनु : ठीक है, तो फिर मैं कहे देती हूँ।

[जमुना का प्रवेश। प्रदीप उसे देखता है।]

जमुना : क्या हुआ प्रदीप? मैं तुमसे बातें करना चाहता हूँ।

प्रदीप : आपसे कहने के लिए मेरे पास कुछ भी नहीं है।

जमुना : *(बाँह पकड़कर)*
मैं तुमसे कुछ कहना चाहता हूँ।

प्रदीप : *(अपने-आपको अलग करते हुए)*
मुझे छोड़ दीजिए।...कहने को क्या रखा है?

[रुककर]

ठीक है, कह डालिए जो कहना है।

जमुना : अच्छा, बात क्या है? बोलो! तुम्हारे पास बहुत दौलत हो गई है, तुम्हें इसकी तकलीफ है?

प्रदीप : *(व्यंग्य से)*
हाँ, इसकी तकलीफ है।

जमुना : तो ठीक है, सब उठाकर फेंक दो। सुन रहे हो, सब कुएँ में डाल दो! तुम समझ रहे हो मैं मजाक कर रहा हूँ? नहीं बेटे, मैं बिल्कुल ठीक कह रहा हूँ। तुम्हें यदि पैसों के कारण इतनी तकलीफ है तो उसका जो मर्जी आए करो—सबकुछ तुम्हारा है, मेरा कुछ भी नहीं है। मैं तो चुक गया हूँ... मेरा समय बीत चुका है...मेरा कुछ भी नहीं है।... बोलो...तुम क्या करना चाहते हो?

प्रदीप : मैं क्या करना चाहता हूँ, सवाल इसका नहीं है। सवाल इसका है कि आप क्या करना चाहते हैं?

जमुना : मैं क्या करना चाहता हूँ?

[प्रदीप चुप है]

तुम मुझे जेल भेजना चाहते हो? तो बोलो?...क्या मेरी जगह वहीं है? बोलो।

[विराम]

क्या हुआ, बोलो!

[गुस्से में]

तुम मुझसे और सबकुछ कह सकते हो, तो यह क्यों नहीं कहते? यह भी कहते।

[विराम]

मुझे पता है, तुम ऐसा नहीं कह सकते, क्योंकि तुम जानते हो मेरी जगह वहाँ नहीं है।

[पूरा ज़ोर देकर पर साथ ही निराश-से स्वर में]

लड़ाई में किसने मुफ्त काम किया? किसी ने किया हो तो मैं भी करने को तैयार हूँ। किस ठेकेदार ने पैसे नहीं बनाए? किसने मुफ्त रसद सप्लाई की? किसने रसद में मिलावट नहीं की? किसने बहती गंगा में हाथ नहीं धोया? बोलो, तुम्हीं बोलो।...इस दुनिया में पैसा हमेशा पैसा ही रहा, चाहे लड़ाई हो, चाहे अमन।...यदि मुझे जेल भेजना चाहते हो तो आधे देश को जेल भेजना होगा।...इसीलिए तुम मुझे कुछ नहीं कह पाते हो।

प्रदीप : आप ठीक कह रहे हैं।

जमुना : तो फिर मैं बुरा कैसे हुआ?

प्रदीप : मैं जानता हूँ आप दूसरों से बुरे नहीं हैं, पर मैं आपको दूसरों से अच्छा मानता था। मैंने आपको

केवल एक मामूली आदमी के रूप में नहीं, वरन् अपने पिता के रूप में देखा।

[करीब-करीब टूटता हुआ-सा]

मैं इस रूप में आपको नहीं देख सकता...खुद को नहीं देख सकता...कभी नहीं।

[जमुनाप्रसाद का सामना न कर सकने के कारण पीछे चला जाता है। अनु माँ के हाथ से चिट्ठी ले लेती है।]

माँ : वह मुझे दो।

अनु : इसे इन्हें पढ़ लेने दीजिए।

[चिट्ठी प्रदीप के हाथ में देती है]

अपनी मौत के दिन शरद ने यह चिट्ठी मुझे लिखी थी।

जमुना : शरद!

माँ : प्रदीप, यह चिट्ठी तुम्हारे लिए नहीं है।

[प्रदीप पढ़ने लगता है। जमुना से]

तुम बाहर जाओ।

जमुना : *(भयभीत)*

क्यों? शरद को...!

माँ : *(जमुना को बाहर की ओर ढकेलते हुए)*

तुम जाओ, बाहर थोड़ा घूम आओ...

[प्रदीप से]

प्रदीप, तुम इन्हें कुछ मत बतलाना...

प्रदीप : *(शान्ति से)*

पिछले तीन बरसों से...बात...बात...बात। अब आप मुझे बतलाएँ कि आपको क्या करना चाहिए। इस तरह उसकी मौत हुई।...अब आप ही बतलाएँ कि आपकी जगह कहाँ है!

जमुना : *(अनुनय करते हुए)*

प्रदीप इस दुनिया में आदमी भगवान नहीं बन सकता।

प्रदीप : दुनिया के बारे में मैं सब जानता हूँ।...इस पत्र को सुन लीजिए...अपनी मौत के ठीक पहले शरद ने अनु को लिखा था–'प्रिय अनु, जो कुछ इस समय मैं महसूस कर रहा हूँ उसे लिखना असम्भव है। पर तुम्हें बतलाए बिना मुझे चैन नहीं मिल रहा है। कल शाम को डाक मिली–अख़बार भी। लालाजी और तुम्हारे बाबूजी के केस की खबर हेडलाइन में थी।...मैं कह नहीं सकता, मुझे कितनी तकलीफ हुई। तबसे मेरा दिमाग काम नहीं कर रहा है। सचमुच, क्या ज़िन्दगी की कोई कीमत नहीं? यहाँ लोग मक्खियों की तरह मर रहे हैं और वहाँ सब पैसे बनाने में जुटे हैं। लज्जा के मारे मैं किसी को मुँह दिखाने लायक नहीं रहा। मैं अभी मोर्चे पर जा रहा हूँ, कभी न लौटने के लिए। शायद मैं लापता करार दिया जाऊँ। यदि वैसा हो तो तुम मेरा इन्तज़ार मत करना। अनु, मैं सच कह रहा हूँ, यदि लालाजी इस समय होते तो मैं उनका गला घोंट देता..."

[जमुनाप्रसाद प्रदीप के हाथ से चिट्ठी छीनकर पढ़ने लगता है। लम्बा विराम।]

अब दुनिया को दोष दीजिए।...पत्र का मतलब समझ में आ रहा है?

जमुना : हाँ, समझ में आ रहा है। तुम गाड़ी निकालो, मैं कोट पहनकर आता हूँ।

[जमुनाप्रसाद भीतर जाने लगता है। माँ उसे रोकती है।]

माँ : तुम क्यों जाओगे? चलो, आराम करो...रात बहुत हो गई है। तुम क्यों जाओगे?

जमुना : अब मुझे यहाँ नींद नहीं आएगी। मैं जाकर ही सुख पाऊँगा।

माँ : कैसी बातें करते हो? शरद भी तो तुम्हारा ही बेटा था। वह कभी तुम्हें जाने को न कहता।

जमुना : *(हाथ की चिट्ठी को देखते हुए)*
यह और क्या है? वह मेरा बेटा था, यह सही है, पर उसके लिए वे और सब भी मेरे ही बच्चे थे। और मुझे भी लगता है—वे सब मेरे ही बच्चे थे, मेरे ही बच्चे थे। मैं अभी आया।

[प्रस्थान]

माँ : *(प्रदीप से, दृढ़ता से)*
तुम उन्हें नहीं ले जा रहे हो।

प्रदीप : मैं ले जा रहा हूँ माँ!

माँ : सबकुछ तुम्हारे ऊपर है। तुम उन्हें रुकने को कहोगे तो वे रुक जाएँगे। जाओ, उनसे कहो।

प्रदीप : अब उन्हें कोई नहीं रोक सकता।

माँ : तुम रोकोगे। वे जेल में कितने दिन ज़िन्दा रह सकेंगे? क्या तुम उन्हें मार डालना चाहते हो?

प्रदीप : *(चिट्ठी दिखलाते हुए)*

मेरा ख़याल था कि आप इसे पढ़ चुकी हैं।

माँ : लड़ाई खत्म हो चुकी है।

प्रदीप : तो फिर शरद आपके लिए क्या था? एक पत्थर का टुकड़ा जो पानी में गिरकर गायब हो गया? खाली अफ़सोस करने से ही कुछ नहीं होगा। शरद ने आपके और लालाजी के अफ़सोस करने के लिए ही जान नहीं दी थी।

माँ : हम लोग और कर ही क्या सकते हैं?

प्रदीप : आप लोग और अच्छे बन सकते हैं। आप लोग यह जान सकते हैं कि परिवार के सीमित दायरे से बाहर एक बहुत बड़ी दुनिया है और उसके प्रति भी हमारी ज़िम्मेदारी है। जब तक आप लोग यह नहीं समझते तब तक अपने बेटे को मौत के मुँह में ढकेलनेवाले आप लोग ही होंगे, क्योंकि उसने इसीलिए जान दी थी।

[भीतर बन्दूक की आवाज़ सुनाई पड़ती है। जरा देर के लिए सब स्तब्ध रह जाते हैं। प्रदीप भीतर की ओर बढ़ता है। रुककर।]

अनु, डॉक्टर को बुलाना तो।

[प्रदीप भीतर जाता है, अनु डॉक्टर को बुलाने बाहर। माँ स्थिर खड़ी रहती है।]

माँ : *(कराहती हुई-सी)*
हे भगवान...तुमने...

[प्रदीप का प्रवेश। माँ की बाँहों में गिर पड़ता है।]

प्रदीप : *(रोते हुए)*
माँ, मेरा मतलब यह नहीं था कि...

माँ : शान्त रहो। अपने ऊपर दोष मत लो बेटा...सब भूल जाओ...तुम ज़िन्दा रहो, सुखी रहो...

[प्रदीप कुछ कहना चाहता है। माँ रोक देती है,

श् श् श्...

[उसका हाथ हटाकर अलग हो जाती है।... सीढ़ियों तक पहुँचते-पहुँचते फूटकर रो पड़ती है]

[पर्दा]

●●●